特色资源元数据设计与应用

Guide for Metadata Specification in Special Collections

李 芳 彭 佳 张 洁 著

海洋出版社

2023年 · 北京

内 容 简 介

本书三位作者在参与国家及省部级多个大型研究项目的基础上，结合自己的工作实践，尤其是元数据标准规范研制方面的研究积累，以及特色资源元数据应用方面的实践经验，创作本书，使得本书成为特色资源元数据实践中实实在在的参考书。全书分为三个部分，分别是特色资源元数据设计指南、特色资源元数据设计案例、特色资源元数据规范和应用指南，内容从理论研究指导、项目实践剖析到著录案例图解，由浅入深，结合应用者的实践需求，将元数据的“虚”和文献资料的“实”巧妙结合在一起，以图文结合的方式还原实物的特点，内容实用又新颖。

图书在版编目（CIP）数据

特色资源元数据设计与应用/李芳，彭佳，张洁著．
—北京：海洋出版社，2023.6
（二十一世纪图书馆学丛书/丘东江主编．第五辑）
ISBN 978-7-5210-0503-5

Ⅰ.①特… Ⅱ.①李… ②彭… ③张… Ⅲ.①元数据
-研究 Ⅳ.①G254.364

中国版本图书馆 CIP 数据核字（2019）第 297728 号

TESE ZIYUAN YUANSHUJU SHEJI YU YINGYONG
责任编辑：赵 武
责任印制：安 森
海洋出版社 出版发行
http：//www.oceanpress.com.cn
北京市海淀区大慧寺路 8 号 邮编：100081
鸿博昊天科技有限公司印刷 新华书店发行所经销
2023 年 6 月第 1 版 2023 年 6 月北京第 1 次印刷
开本：787mm×1092mm 1/16 印张：13
字数：160 千字 定价：80.00 元
发行部：010-62100090 总编室：010-62100034

主编弁言

“21 世纪图书馆学丛书”第一、二、三、四辑出版以来，受到图书馆工作者的欢迎。因为其主要特点是选题务实、信息新颖、内容丰富、注重图书馆实践和结合图书馆工作实际。

现在，该丛书第五辑出版的 13 个选题，是从 60 多个应征稿件中仔细挑选出来的。这些选题力求题材独特、知识丰富、立意新颖和可读性强。

“21 世纪图书馆学丛书”第五辑涵盖面比前四辑更为广泛，包括《特色资源元数据设计与应用》《高校图书馆研究影响力评价服务实务》《图书馆传播理论与实践》《海上图林——海派图书馆事业的萌芽与发展》《专题馆，图书馆深化服务的探索》《不独芸编千万卷——图书馆讲座实务》《信息技术在图书馆的应用》《新时期上海图书馆文献编目工作实践》《连续出版物机读目录的编制》《图书馆世家的读书种子——沈宝环之生平、著述与贡献》《两个世界图书馆合作组织知多少》《LIBRARY，不仅是图书馆》以及《图书馆里的巾帼典范——海外图书馆知名女性理解的阅读与人生》。

我想上述选题内容，图书馆员会有兴趣阅读；相信这些务实的专业论著的出版，对图书馆现时的工作有所裨益、对图书馆员知识水平的提高有所帮助。

丘东江

2019年7月于北京东升科技园

序

上海交通大学图书馆历来非常注重计算机技术在图书馆的应用，从20世纪70年代末即开始了一系列的摸索与尝试，并在以后的数字图书馆建设中成为行业的积极推动者，我有幸全程参与了这一发展过程，并见证了图书馆数字技术运用的发展历程。

随着数字图书馆技术的成熟，我的研究更偏重在数字图书馆元数据规范研制领域，在我主持的国家级及省部级多个大型研究项目中，我的同事李芳、彭佳和张洁都是项目研究的核心成员，与她们的合作深入而又愉快，所有的项目也取得了丰硕的研究成果。得知她们正在结合自己的工作实践，撰写关于特色资源元数据设计与应用的著作，并邀请我为她们的著作写几句话，自然是义不容辞。

三位书稿作者与我共事多年，一起合作的项目很多，如国家数字图书馆工程专门元数据标准与著录规范的研究项目（项目编号：GC-HD090185、GC-HD090189）、文化和旅游部文化行业标准的研制项目（标准号：WH/T52—2012）、上海图书馆主题资源规范建设等诸多科研项目，她们熟悉多种类型和多种媒体的资源特性，掌握元数据规范的应用流程与设计方法。在多年的研究积累基础上，她们又先后主持过上海交通大学图书馆的李政道数字资源中心、境外中国现代人物传记资料多语种全文数据库、中国地方历史文献数据库等若干特色资源建设项目，她们善于总结，关注前沿，我相信，她们三位严谨的科研态度，在元数据标准规范研制方面的研究积累，以及在特色资源元数据应用方面的实践，将使得本书成为特色资源元数据实践中实实在在的参考书。

本书选题视角独特，论述深入浅出，兼具新颖性、学术性和操作性。新颖性体现在该书的设计结构上，全书分为三个部分，分别是特色资源元数据设计指南、特色资源元数据设计案例、特色资源元数据规范和应用指南，内容从理论研究指导、项目实践剖析到著录案例图解，由浅入深，结合应用者的实践需求，将元数据的“虚”和文献资料的“实”巧妙结合在一起，以图文结合的方式还原实物的特点，内容实用又新颖。

全书的行文注重学术性，论述严谨，凸显理论与实践的结合以及上下文的逻辑性。在特色资源元数据设计指南部分，作者将元数据标准和规范的最新研究成果进行精要论述，总结特色资源元数据规范标准的选择依据和原则，结合信息组织与知识管理的理论，分析元数据规范设计的难点，在此基础上提出了基于知识管理的实体关系模型，并在特色资源元数据规范设计中进行实证应用。

该书的另一个特点就是操作性强。三位作者具有丰富的项目实践经验，选取的案例也具有广泛的代表意义，细致地展示元数据规范在特色馆藏中的应用，基于时间、地点、主题、人物四大基本要素的实体关系模型应用，将特色资源隐性和显性的特征进行关联，将特色馆藏从数字化提升到了数据化的高度。

特色馆藏的建设和揭示，各国各级各界图书馆的特色馆藏数字化项目正在逐步开展，尤其对研究型图书馆更具有重大的意义。但纵观该领域，专门论述图书馆特色资源元数据规范设计，尤其是将元数据规范、本体模型、应用实践、案例分析四者充分结合的图书数量很有限，很高兴本书能丰富这个领域的理论与实践。因此，这是国内难得的从资源描述与组织角度研究特色资源的著作，提供了具有普适性的元数据规范和工作思路。尽管该领域的研究还有很多方面需要不断深入，但该书的研究成果已经为后来者提供了有益的方向与借鉴。

在本书即将付梓的时候，我向本书三位作者表示祝贺，对她们的学术热情、开拓精神和辛勤劳作表示敬意！我相信，在交大美丽的校园里，愉快的合作会继续下去，我也期待着她们更丰硕的成果。

郑巧英

2018 年 10 月

前言

2018年春，应丘东江先生之约，就信息资源组织方面的主题撰写一本专著。丘先生是我们图书馆界德高望重的前辈，曾经主持过“二十一世纪图书馆学丛书”《图书馆学情报学大辞典》等多部影响一代图书馆人的论著丛书。他特别强调著作的应用价值，要求这本著作能成为编目馆员、元数据馆员手边一本实实在在的参考书。曾经倾注诸多心力的多个特色资源研究项目的经历让我没有犹豫，十分感谢丘先生的指导与鼓励，我们很快就确定了书名和大纲。

这本书以特色资源知识组织的理论和实践为主线，围绕李政道科学手稿、多种媒体传记资源、民间地方历史文献三类特色资源的知识组织展开。回顾这三个项目的建设历程，在我们梳理并接触这些资源，与学者们沟通的每一次经历，深深吸引我们的是那值得尊敬的历史、生动的故事和学者们对科学执着的情怀，设计元数据的工作因此增添了神圣感并让人充满敬意。

2011年，上海交通大学有幸获得诺贝尔奖获得者李政道先生的捐赠，其中包含这位杰出科学家长达数十年积累的科学手稿（演算公式、信函、论文著作手稿、研究笔记、备忘录、演讲稿和课件幻灯片等）。尤其是公式推演类手稿，不仅重现了公式推导的过程，记录了李先生勤勉治学的成长轨迹和严谨的科研态度，而且为后人研究他的科学思想提供了宝贵的一手材料，学术和文献价值堪称珍贵，还承载着较高的史料价值。为尽快揭示并开放这些重要资源，需要设计一套通用且具有开放性与互操作性的元数据规范，而此时我们发现，国内外能直接用于科学手稿的元数据标准和规范几乎没有。

2012 年，我和本书作者之一的彭佳老师参与国家社科基金重大项目“境外中国现代人物传记资料整理与研究”，传记兼具历史学和文学的文献特性，传记研究对资源内容的关联性需求主要体现在基于人物、地点和时间（历史事件）等知识节点的关联和深度聚合上，从而挖掘和发现不同资源的内在联系和相互参照关系。传记资源元数据规范设计与研究者需求的紧密结合，使得项目研究更具趣味性。

2013 年，上海交通大学历史学系教授们从浙南石仓、徽州和江西鄱阳湖等地收集的 30 多万件民间地方历史文献，让我们有机会亲手翻阅一张张手写的契约，近距离接触一页页泛黄的文书。我们通过和历史学研究者沟通探讨，了解他们的研究需求，当我们开始着手调研地方历史文献元数据规范时，才发现学界甚至连统一的文献分类标准都没有，更别说元数据规范标准。我们在探索建立地方历史文献元数据规范和应用指南的整个过程中，充满了挑战。

在完成这些项目后，为分享上海交通大学图书馆在特色资源元数据组织与设计的研究成果，我和彭佳、张洁两位老师合作，先后发表了《Case study：a metadata scheme for multi-type manuscripts for the T. D. Lee Archives Online》《上海交通大学新藏地方历史文献数字化建设规划与实践》《契约文书描述元数据规范设计与应用》《探析传记资源的知识组织方法》等系列论文，由于篇幅所限，论文并没有完整地展示元数据设计的详细过程，也不能系统地展现研究成果。之后，我们萌发了写一本关于特色文献知识组织专著的想法，直到丘先生电话约稿，心中酝酿已久的书稿终于因为专家的外力推动得以实现。

我和彭佳、张洁两位老师，曾一起参与多个大型国家级研究项目，如文化和旅游部文化行业标准项目、国家图书馆项目等多个专门元数据规范的设计与应用研究，主要研究成果包括《国家数字图书馆工程专门元数据标准与著录规范——电子图书》《国家数字图书馆工程专门元数据标准与著录规范——图像》《中华人民共和国文化部行业标准——管理元数据规范》《中华人民共和国文化部行业标准——图像元数据规范》《上海图书馆主题资源建设相关规范研究》等。我们各负责一个自己最熟悉的特色资源，长期的合作使得书稿的写作分工特别顺利、章节之间的连接更为紧密，这也是保证书稿能在较短时间完成的重要原因。

本书的具体分工如下：第一部分特色资源元数据设计指南，第一章概述，由张洁撰写；第二章元数据设计思路，由李芳撰写；第三章元数据标准选择、第四章特色资源组织与知识管理，由彭佳撰写。第二部分特色资源元数据设计案例和第三部分特色资源元数据规范和应用指南，是按照特色资源进行分工的，李芳负责地方历史文献，张洁负责李政道数字资源，彭佳负责传记资源。

这三类特色文献都涵盖了多种媒体资源类型，元数据规范设计就考虑了要实现多种媒体聚合的功能，结合信息组织与知识管理的理论，因此在分析元数据规范设计的特点和难点基础上，本书提出了基于知识管理的实体关系模型，并在特色资源元数据规范设计中进行实证研究。此外，为更清晰地展示元数据规范的应用案例，我们特意将一条条元数据的应用实例用图文并茂的方式呈现，将历史文献的原生态的“实”和描述元数据的“虚”结合在一起，让元数据还原实物的特点，可以说这是最大限度地遵循丘先生约稿时的初衷，也是本书的一大亮点。

在编写过程中，本书广泛吸取了国内外的大量元数据规范相关研究成果，参考和引用了许多图书馆学专家、学者的有关著述，在此谨致以衷心的谢意。同时，我要深深感谢为完成本书而一起奋战 200 多个日夜的彭佳和张洁两位老师，她们工作、写书之余还要照顾和陪伴年幼的孩子，这段时间里，单位工作之忙、任务之多、压力之重，都没有影响她们完成书稿的热情和信心。应该说，没有她们，就没有本书的付梓出版，她们是我图书馆生涯中亲密而又默契的合作伙伴。最后，要衷心感谢郑巧英研究馆员欣然为本书写序，她是数字图书馆领域的开拓者，更是元数据规范研究领域的引领者，我们参加的上述几个大型元数据项目几乎都是在她的主持和指导下完成的，我们的合作一直是团结、愉快、默契的。

最后需要说明的是，本书还有很多疏漏之处，希望借此机会，求教各方面人士和专家学者，以弥补其中之不足。

李　芳

2018 年 11 月 6 日

目录
Contents

第一部分 特色资源元数据设计指南

第二部分 特色资源元数据设计案例

第三部分　特色资源元数据规范和应用指南

第一部分
特色资源元数据设计指南

第一章 概述

第一节 特色资源概述

特色资源是图书馆资源建设内容的重要组成部分，这一观点越来越成为行业共识。随着图书馆在数字网络时代的快速发展，图书馆学术馆藏的相似度越来越高，具有独特学术性、历史性的馆藏资源成为图书馆持续发展的要素，其独有的学术价值也是图书馆在信息资源共享中体现的优势和竞争力所在。

关于何为特色资源，学者多有定义，尚未形成统一见解，见表 1-1。

表 1-1 特色资源定义一览

学者	定义	时间（年）
王纯	图书馆收藏的具有独特色彩、风格的图书	2002
张秀文	特色馆藏资源是一个图书馆区别于其他馆因而能独立存在的基础。经过长期的文献资源积累，图书馆大都会在某一学科、某一方面或某一领域形成内容较为丰富、结构较为完整的文献资源优势，这就是图书馆的特色资源	2004

续表

学者	定义	时间（年）
马春燕	特色馆藏是指图书馆依据其所处的地理位置、历史传统以及主要读者群的需求，在文献资源收集过程中有意识选择并逐步形成的具有一定特色和优势的馆藏体系	2007
金以明	特色馆藏是指一个图书馆所收藏的馆藏资源具有自己的独特风格，它包含两层含义：一是指特供中独具特色的部分馆藏；二是指图书馆总体馆藏体系所具备的与众不同的特点	2008
陆莉	特色馆藏是图书馆根据当地的经济状况、文化资源的拥有量、人才资源的分布情况等因素所确定的某种服务重点或某种服务目的，是在收藏文献资料中所形成的一种具有特点的馆藏体系	2013
钟伶	对于高校图书馆来说，特色资源是大学图书馆针对用户的需求，以某一学科、专题、人物，某一历史时期、地域特点等为研究对象，对文献信息资源进行收集、整理、存储、分析、评价，并按照一定的标准和规范进行组织、管理，使其成为该馆独有或他馆少有的资源	2013
侯爱花	特色馆藏是指一个图书馆所收藏的文献资料具有自己的独特风格，它包含两个方面的含义，一是指一个图书馆中独具特色的部分馆藏；二是指一个图书馆总的馆藏体系具有与众不同的特点	2014
鄂丽君	特色馆藏是高校图书馆资源的重要组成部分。高校图书馆的特色馆藏是高校图书馆为满足学校的教学科研需要而专门收藏的文献，通常是某一专题领域的文献、某一时代的文献、某一地域的文献、有关某个杰出人物的文献、易损坏的文献、独一无二的或珍贵的文献等	2016

特色资源尚无广受认可的定义，从诸多定义中可以看出，“特色”“独特”“与众不同”“独一无二”是其固有属性。综合其他学者的观点，笔者将特色资源理解为只有本馆拥有而别馆无，或者本馆收藏丰富优质而别馆相对简单匮乏的馆藏资源，唯一性和独特性是特色资源固有的特性。

唯一性：该类型馆藏只有这一件。众所周知，手稿、档案和艺术品大多数具有独一无二的特性，而书籍、期刊或册页等普通印刷品，在特定条件下也可以认为是独一无二的，它们可能是特定版本的唯一存世副本，或者具有唯一的特征，诸如装帧、插图、批注、收藏历史或流传背景等。

独特性：具有独特性的馆藏既可能是唯一存世品，也可能不是。如果资源与某些人物或事物有关，就能和其他类似资源区分开来，成为“独特的”资源。在图书馆馆藏背景下，特色资源从其特定的立意中获得独特性——例如，资源体现了图书馆（包括所在地域）的历史、文化遗产，体现了特殊的语言或方言，体现了重要的学科领域等。表 1-2 归纳了体现图书馆特色资源独特性的几个方面。

表 1-2 图书馆特色资源体现的独特性

特色类型	独特性展示
馆藏特色	展示本馆的藏书特色，具有其他图书馆不具有或只有少数图书馆具有的资源
地域特色	展示一定地域的自然特点与人文特点，或与地方的政治、经济和文化发展密切相关
文化特色	展示一个国家或民族的历史、地理、风土人情、传统习俗、生活方式、文学艺术、行为规范、思维方式、价值观念等
学校特色	展示学校的办学特点或学校历史、传统等
学科特色	展示本学校的优势学科或重点学科，或是为特定学科或重点研究方向奠定文献基础
高等教育特色	高校图书馆在文献保障的同时为教育服务，进行素质教育，辅助教学。特色资源主要包括各大学校自建的学位论文数据库、机构典藏和教学资料等

从前述定义可知，通常图书馆所指特色资源就是传统意义上的特色

馆藏。近年来特色资源概念已经广义化，一方面，它不再仅仅指传统意义上的古籍善本，而是扩大到包含手稿、地图、学位论文、照片、缩微资料和自建电子数据库等在内的各种专题性馆藏资源，凡是有别于其他图书馆的特色化、个性化收藏都视为特色资源；另一方面，随着数字图书馆技术的发展，资源数字化比例不断提高，网络原生数字资源也越来越多，网络原生数字资源中包含许多珍贵的、极具学术参考价值且可能是唯一的信息资源，例如一些专家学者关于某一学术领域的思考、灵感、随笔等可能只发表在自己的博客或个人主页上而未在正式刊物上发表出来，因此特色资源应比传统特色馆藏范围更广，可以认为是覆盖所有格式和所有位置的馆藏。馆藏的意义由其本身独有性与特别性决定，而不是由资源年代、价值或馆藏位置来决定。

英国研究型图书馆协会（RLUK）是英国主要研究图书馆的代表机构，在其推出的报告中提到两类通常不认为是特色馆藏的资源，但对英国研究人员来说这些资源的重要性越来越凸显。

第一部分：1850 年后产生的资源。研究型图书馆优势之一在于通过逐年采访，积累了数百年的馆藏深度，其中一些资源虽然最初大量生产又价格低廉，但不经存放，逐渐变得稀有甚至独一无二。

第二部分：新型数字资产。包括原生数字资源和罕见或唯一的印刷品的电子拷贝，也可能扩展到机构知识库中的论文和期刊文章以及研究数据集。

1902 年古越藏书楼对外开放，1903 年武昌文华公书林建立并对外开放，1904 年湖南图书馆、湖北图书馆建立，拉开了中国公共图书馆的历史大幕。从藏书楼到公共图书馆，中国的图书馆中藏有大量珍贵资料。以中国国家图书馆为例，馆藏宏厚，不仅收藏有珍贵的古籍善本、舆图、石刻及铜器拓本，还珍藏有大量的甲骨等。各省图书馆也有丰富的特色资源及漫长的源流。

在美国，以哈佛大学、耶鲁大学、普林斯顿大学、杜克大学、康奈尔大学、芝加哥大学及斯坦福大学等著名大学的图书馆为代表的高校图书馆，都非常重视特藏资源的数字化建设。在康奈尔大学图书馆“珍稀资源与手稿部的数字特藏”页面上，罗列了该部门独自建设或参与建设的所有数字化资源。这些资源首先被划分为图像、音视频资源、数字化文本资源和网络展览等大类，每一类下又有多个特藏资源或项目。其中，不乏康奈尔大学图书馆珍稀图书及手稿图像库、康奈尔大学档案影像库、康奈尔大学档案文本库等对于整个大学的文献资源、历史、文化有着重大传承及保存价值的特色库。

2010 年，北京师范大学图书馆李书宁等对国内 39 所 985 高校图书馆数字特藏建设的情况进行了调查，经过统计分析，调查人员发现：39 所 985 高校图书馆构建了 370 个数字特藏数据库，最多的高校图书馆建有 23 个，3/4 的图书馆对数字特藏建设十分重视。以北京大学图书馆为例，近年来在特藏数字化方面投入了大量的人力、物力，建成了“秘籍琳琅”古籍资源数据库、北京历史地理数据库、北大名师数据库、民国旧报刊数据库、燕京大学学位论文库、北大博文库等，不仅以数字化形式对承载华夏文明的古籍特藏、近现代珍贵资源进行永久保存，还对与北大校史、师生教学科研及校园生活息息相关的内容、网络资源等进行组织与加工，目的都是加强对特藏资源的宣传推广，开拓特藏服务的新方式，使其延伸到不同层面的用户群。

特色资源具有的高价值给图书馆带来了可观的发展机会，资源的唯一性与独特性有助于提高馆藏机构的独特性，提升机构声誉，但前提是特色资源进入研究人员、学生和社会公众的视野中，被用户所了解。把握这一机会需要大幅提高特色资源的数字化规模，目前，数字化活动在很多图书馆仍处于支离破碎的状态，这种支离破碎的情况反映在无法完整发现数字化内容。机构间协调开展数字化项目能减少内容重复建设，实现规模经济，增强特色资源的可发现性。在英国，已出现 Copac 联合目录项目（Copac Collections Management Project）、英国信息系统联合委员会国家专著战略（the Jisc's National Monograph Strategy）、TNA 的国家收藏（TNA's National Collections）等国家级特色资源合作项目，在数字化领域加强合作带来资源建设的规模经济效益，产生更大影响力，并减少创建内容的重复比例。

除了数字化项目的重复建设，在图书馆内还有大量的未编目，以及元数据质量欠佳的资源存在。事实上，很多图书馆都有未被加工、整理的资源，这些资源具有较高价值，但是由于一些技术或经费问题，没有得到相应处理，尚未对其进行数字化扫描和编目等，无法向用户提供有效的使用和服务。如不能解决这些问题，特色资源的可见性会受到影响，阻碍资源集合之间的互联，以及妨碍对数字化内容的访问。系统化地应用国家和国际范围内的元数据标准有助于发现图书馆中仍处于隐藏状态的资源，通过可互操作的元数据方案，联结与展现不同机构的数字资源。

在上海交通大学图书馆开展地方历史文献数字化及编目工作时，对图书馆行业、地方历史文献研究机构进行了调研，调研数据显示，国内徽州民间历史文献的收藏单位约有 20 家，只有极少数单位开展了数字化和数据库建设，无论是数字化还是专门元数据都没有建立标准规范。标准化的缺乏妨碍了特色资源发挥影响力，反过来又限制了对特色资源的未来投入。共同承认并可互操作的框架将有利于机构之间作为共建共享特色资源的能力。因此有必要在特色资源的建设过程中开展元数据标准化研究与实践，使标准化贯穿特色资源建设的整个过程。

研究型图书馆在数字资源建设规模与管理能力方面各有不同，通常较大型的研究型图书馆在数字资源组织与管理的过程和设施上较有经验，小型图书馆往往缺乏计划来处理数字资源。有经验的图书馆如能积极分享心得体验，将惠泽图书馆界，帮助其他图书馆制定本馆的标准化战略和具体的规范框架。

在过去数年中，图书馆所面临的环境发生了根本性转变——学术环境不断变化，图书馆开展大规模资源数字化的同时诞生了越来越多的原生数字资源，用户可以通过互联网来获取本馆以外的广大资源。在不断演进的信息时代中，图书馆要持续展示自身的影响力，不仅应开拓独特的资源，也应不断发现什么是本馆的“特色”。

特色资源建设的发展也带动了数字人文领域的发展，国内对特色资源整理与建设的数字人文研究起步较晚，但是发展势头较为强劲，尤其是在 2016 年以后，发文量已超过以往年份的总和，说明国内图情领域学者已经在密切关注并积极推动相关研究。而且相关研究大多得到各类基金项目的支持，尤其是国家级的基金项目。特色资源的组织与揭示，为数字人文研究提供了最基本的数据基础。

图书馆特色资源存在揭示不充分、建设缺乏标准化和规范化、缺乏深层次开发、对使用情况关注不够、资源共享程度不高等比较集中的问题。面对特色资源带来的机遇与挑战，有必要开展特色资源建设与组织的研究与总结。本书讨论从专门元数据规范的设计入手，引入知识组织本体模型，深入探讨特色资源的组织方法，通过上海交通大学图书馆历年耕耘的案例细致展示如何利用元数据及本体模型描述特色资源。

第二节　特色资源元数据现状分析

一、特色资源描述元数据现状

随着特色资源地位的上升，特色资源的组织与描述工作也从边缘转向主流。特色资源步入学术视野的第一步在于大规模数字化，通过扫描、拍摄等技术手段将实物转化成数字版本，有助于提升使用率，也是用户的需求所在。越来越多的机构开展本机构特色资源的数字化，在数字化之后便是对资源的编目工作。特色资源中大量存在的非传统文献类型与格式（如音视频、原生数字资源等），MARC 格式不便于对这些资源进行描述，选取国家标准或国际通行的元数据规范是较好的选择，这样将有助于未来的资源合作与关联，减少资源孤岛存在。

国际上一些图书馆已开始重视非传统格式特色资源的编目工作以最大化地利用特色资源并帮助用户获得和使用研究型图书馆馆藏的各类型资源。北美的一些专业委员会及组织，如美国大学与研究型图书馆协会（ACRL）和善本书及手稿部（RBMS）的书目标准委员会、美国档案学会（SAA）的标准委员会、加拿大编目委员会（CCC）、加拿大档案著录委员会（CCAD）等，都在工作中得出了关于著录标准的最佳实践及有益建议，其主要的著录标准 DACS 不仅包含了图书资料著录的内容，还有许多针对档案资料的个性化元素。例如，更重视资料创建者的信息，明确资料创建者为个人、家族还是团体机构；重视资料的来源信息，以方便使用者查找相关来源资料等。根据需要借鉴已有的标准，是图书馆进行特色资源著录的一种思路。都柏林核心元数据由 15 个元素（element）和 55 个术语（term）组成，具有简明易懂、容易上手的优势，在特色资源组织中也占有重要地位。

国内以国家图书馆、科技部和大学数字图书馆国际合作计划（CADAL）为牵头单位，也研制开发了适用这些多媒体资源的专门元数据规范。表 1–3 展示了国内三大数字图书馆标准规范体系目前涉及的资源类型。

表 1–3　国内三大数字图书馆标准规范体系涉及的资源类型

资源类型	国家图书馆	科技部	大学数字图书馆国际合作计划
报纸			Y
满铁资料			Y
期刊			Y
侨批			Y
视频	Y	Y	Y
图像	Y	Y	Y
外文科技报告			Y
西文图书			Y
学位论文	Y	Y	Y
音频	Y	Y	Y
中文图书			Y
古籍			Y
民国图书			Y
电子连续性资源	Y		
电子图书	Y	Y	
会议论文		Y	
期刊论文	Y	Y	
网络资源		Y	

国家数字图书馆工程是国家图书馆“十五”重点文化建设项目，

建设30余项数字资源建设相关的标准规范项目，包括汉字处理、唯一标识符、元数据、对象数据、知识组织、资源统计、长期保存等多个方面，已出版的资源描述元数据方案包括视频、图像、学位论文、音频、电子连续性资源、电子图书、期刊论文等。

“我国数字图书馆标准规范建设”项目主要针对数字图书馆系统的数字资源建设与服务，制定我国数字图书馆标准规范发展战略与标准规范框架，制定数字图书馆核心标准规范体系，建立数字图书馆标准规范开放建设与开放应用机制，该项目属于科技部科技基础条件平台工作重大项目的一部分，涉及的资源类型包括视频、图像、学位论文、音频、电子图书、会议论文、期刊论文和网络资源。

大学数字图书馆国际合作计划的项目一期建设了102.3万册中英文数字资源，二期计划建设150万册/件数字资源，包括报纸、满铁资料、侨批、视频、图像、外文科技报告、西文图书、学位论文、音频、中文图书、古籍和民国图书等多种类型，并为其制订相应的专门元数据方案。

国内三大数字图书馆标准规范体系涵盖了国内图书馆常见的特色资源类型，基本选择都柏林核心元数据（DC）、DC图书馆应用纲要、带修饰词的DC元数据三大元数据元素集为复用主体，同时根据自身资源特点增加个性化的本地元素，以满足用户需求。

需要注意的是，图书馆虽然可以借鉴现有的标准规范，但是立足本馆特色资源并结合用户需求的资源描述也很重要，这是区别于其他资源集合、体现特色资源独特价值的途径之一。举例来说，一些未正式发表的材料，通常缺少题名、作者和出版信息，并且往往不完整，因而有必要在考量实用及经济的前提下，著录其相关日期、责任者、来源、背景、源流等信息，为用户提供相应的参考资料。

元数据本身在不断演化，为描述和揭示特色资源提供更多角度，也能更好地顾及不同用户的需求。已有关联数据、本体模型等技术能为不同资源中出现的相关信息间建立某种联系，为信息的重用与重组提供新的渠道。其中关联开放数据已成为资源发现与资源语义化的常用工具。关联数据由万维网创始人蒂姆·伯纳斯-李（Tim Berners-Lee）创造，指一种使用统一资源标识符 URIs 将概念事物（如人物或团体名称、地点、日期、主题）关联起来。通过建立与已确定资源（或数据）的连接，而不是网页上的位置，关联数据使资源发现更快捷、更智能、更直观。

二、与资源描述相关的特色资源现状

（一）特色资源馆藏丰富

根据 2017 年联机计算机图书馆中心（OCLC）发布的研究报告《推进国家数字平台：美国公共图书馆和州立图书馆的数字化现状》，92%的被调查图书馆拥有本地重要特藏资料。公共图书馆和州立图书馆馆藏特色资源类型包括照片、信件、日志、剪报簿、报纸、官方和本地记录、音视频、缩微胶片、地图、书籍和专著、检索工具及原生数字化资料等。无论图书馆规模的大小，报纸，包括剪报（72.1%）和照片（59.3%）都是最为常见的资源项目。公共图书馆的特色资源建设常常以所在城市或所在地区的重大历史事件、社会活动或知名人物为主。

还有许多富有地域特色的资料收藏于研究型图书馆中。有学者调研了美国知名大学的特色资源。美国的著名大学比较重视本校历史传统，从 20 世纪上半叶开始，各校图书馆陆续建立了具有鲜明本校特色的特色资源馆藏，美国研究型图书馆特色资源的丰富性主要体现在以下三个方面。

（1）特色馆藏文献类型丰富。包括手稿、稀有图书、期刊、档案、论文、口述历史、声音记录、捐赠资料、视频、照片和钱币等多种类型的文献。其中，手稿、稀有图书、档案等文献是美国研究型图书馆常见的特色馆藏，如约翰斯·霍普金斯大学图书馆、西北大学图书馆、斯坦福大学图书馆等多家图书馆都有3种以上相关类型特色馆藏。杜克大学图书馆的特色馆藏资源包括稀有图书、手稿、钱币、报纸地图、海报、集邮、印刷品及图纸等。耶鲁大学图书馆的特色馆藏包括印刷或出版的文本（又分为书籍及小册子、连续出版物、政府文件）、手稿和档案材料、地图、教具/文物片、视觉材料、音乐、录音、口述历史及论文等。

（2）特色馆藏资源延续时间长。美国研究型图书馆很多种特色馆藏资源延续数十年甚至上百年。例如，达特茅斯学院图书馆收藏了从1902—1962年菲尔加摩尔·斯蒂芬森（Vilhjalmur Stefansson）拍摄的北极照片，约翰斯·霍普金斯大学图书馆的李斯特·S. 利维（Lester S. Levy）音乐特色馆藏涉及18世纪80年代至20世纪80年代的美国流行音乐，圣母大学图书馆的报纸馆藏包括17—20世纪初英国和美国的报纸。

（3）多学科特色馆藏。美国高校图书馆的特色馆藏包括艺术、历史、医学等多个学科。例如，哈佛大学图书馆主页的“特色馆藏和档案”页面列出了70多种特色馆藏，涉及神学、植物学、医学、人口研究、艺术、历史等多种学科，麻省理工学院图书馆的特色馆藏资源涉及建筑、物理等不同的学科。

从表1-4可见美国研究型图书馆馆藏特色资源不仅有学校官方的文件记录，还有个人的资料，不仅有书、论文及各种纸质文件、档案记录，还有其他载体形式的资料，如照片、音像等，规模大，类型多。

表 1-4 美国研究型大学馆藏特色资源举例

类型	资源举例
纸质文献	图书、期刊、报纸等出版物；论文、手稿等，部分记录以档案形式保存
学校档案	学校行政、科研记录；学生、教职员校园活动记录；各学院、中心、实验室、委员会、理事会、协会、学生组织工作计划
学校出版物	校内正式和非正式出版物。校方或教职员工为作者、出版者和以该校为主题的书
学位论文	本校的研究生学位论文。部分学校收藏个人论文、手稿等
图像	照片、底片；本校不同时期的地图资料
音视频	反映学校各种活动的音像类资料；口述历史资料、电影胶片、幻灯片、缩微胶片和唱片

（二）特色资源应用目标丰富，服务场景多样

特色资源的应用已有一些固定的服务场景。数字化特色资源通常可见的形式包括建立专门的数据库或网页进行专题介绍，资源可以通过网络免费访问；而尚未或暂时不可数字化的纸质类资源，如图书、期刊等通过书目系统或相关资源列表提供目录查询。这些仅仅是特色资源提供应用的初级阶段，国内外图书馆在不断开发特色资源的同时，还结合用户的需求开拓了更多资源利用的目标与场景。从这个意义上说，用户需求是特色资源组织与揭示的风向标。

以研究型图书馆为例，已形成教学支持与科研支持两大类特色资源及其延伸服务的应用方向。

（1）教学支持服务。从咨询、复印/扫描到授课，康奈尔大学图书馆和芝加哥大学图书馆已形成较为成熟的做法，为教师利用特色资源开

展课程教学提供支持，将特色资源有效整合到师生教学计划中。

（2）科研支持服务。图书馆依靠自身积累所形成的馆藏特色资源，在受知识产权保护的合理使用范围内，根据用户需求，开展编辑、加工、创作、演绎等出版活动，同时提供出版平台和技术支持，以及作品传播和存储等出版支持服务。

（3）延伸服务。延伸服务的实质是从馆内服务拓展到馆外服务，从显在用户拓展到潜在用户，从基于文献的服务拓展到满足信息需求的多形态信息资源服务。特色资源的地域性、人物性、话题性对于馆外用户具有吸引力，基于特色资源可以开展多元化的延伸服务。大英图书馆、英国诺丁汉特伦特大学倡议建立的游戏节（Game City）和软件开发商克雷泰克（Crytek）开展名为“地图之外”的竞赛，由电子游戏专业的学生将游戏技术应用到大英图书馆馆藏中。竞赛第一年，德蒙福特大学的学生基于17世纪伦敦地图构建了一个3D的游戏场景，获得优胜。

（三）用户需求导向的特色资源编目

如前所述，用户需求是特色资源组织与揭示的风向标，这正符合国际编目原则声明中“用户至上”的原则。资源编目工作的出发点是用户需求，设置哪些元素，揭示到什么程度，都以用户的方便为考量。

南洋理工大学王赓武图书馆藏有早期南洋地区华文课本，该馆采用美国国会图书馆分类法将全部特藏课本整理并编目上网，让用户可以检索得到这些书。在编目时力求准确和完整地揭示每本书，详细著录了各书的书名、丛书名、出版社、出版年、物理特征和捐赠者等信息，并加入主题词反映其科目及使用国家和地区信息，每个条目都用汉语拼音和汉字著录，加上英文的主题词，使用户可以通过中英文检索到这些课本。

（四）特色资源元数据编目策略多元

高质量的元数据是提升特藏资源集合描述和检索效果的基础。采用和应用国家/国际元数据标准，如都柏林核心元数据将有助于共享数字记录、协作馆藏管理活动和数字化等其他活动。但是特色资源缺乏图书、期刊题名页这样有规律的信息源，提取内容中蕴含的时间、地点、人物和主题等要素信息并非易事。开展特色资源元数据编目需要从经济性、实用性等方面出发考虑具有实践操作性的策略方法，对应用指南的详细程度有很高要求。

圣安德鲁斯大学在学生的帮助下完成15万种稀见本和早期珍本特藏的编目工作。该项目实施创新地采取了“两步走”策略，为后来者提供了一种特色资源编目工作的新思路。

第一步：简编。精简编目最简单的元素，同时还能为准确检索提供足够信息。这一阶段由编目馆员和特藏馆员监督本科三年级和四年级学生、研究生和博士生完成。

第二步：第二步工作与第一步工作同时进行。由少数珍本图书馆专家编目完成最为重要、最为复杂或最为脆弱的作品。

第二步完成后，特藏编目馆员继续补充完善第一步中简编的记录。通过这个项目，圣安德鲁斯大学希望在图书馆在线目录中添加超过10万条记录，并通过英国和国际范围内的数据库（如英国联合目录COPAC和OCLC WorldCat）提供资源共享。

（五）特色资源孤岛的整合与互联

国内图书馆特藏资源建设得益于1999年中国高等教育文献保障系

统（China Academic Library & Information System，CALIS）启动的专题特藏数据库建设项目，其目的在于全面挖掘、整理和发布国内各高校成员馆的一些未开发、散在各处、难以被利用的独有或稀缺资源、网络原生数字资源等，逐步形成具有学科特色、地方特色或民族特色的专题特藏文献数据库服务群。项目后期整合75所大学的97个特藏数据库元数据，用以构建统一元数据发布检索平台，检索指向原文所在高校图书馆的特藏数据库门户。因CALIS专题特藏数据库建设的项目制特点，后续没有持续性发展经费投入，各高校特藏数据库建设经费需要自行解决。尽管如此，近20年来各高校图书馆的特藏资源数字化建设仍得到快速发展。

目前各图书馆特藏资源数据库平台都存储了大量可计算的基础数据对象，如数字、文本、格式化数据、图像和声音等。作为数字人文的重要数据来源，整合不同图书馆的同类特藏资源，可以更充分有效地汇聚分散、孤立和封闭的特藏资源，创建可促进人文研究的数据集或大规模结构化数据，从而扩大人文学者的抽样范围，提升资源所支撑的研究权威性。华东师范大学图书馆研究团队认为可以通过地理信息系统方法、关联数据应用、应用程序编程接口等技术手段逐步将特色资源的数据整合，初步实现数字人文研究环境建设。

上海交通大学图书馆基于现有各种特色资源元数据方案元素的整合，通过元数据特性分析，提炼用于实现资源聚合与发现的常用元素，梳理特色资源元数据所表达的各种实体关系，构建基于元数据的本体，以实现特色资源的深度聚合。

第二章 元数据设计思路

第一节 资源及需求分析

著录对象即被描述的资源。在著录对象的调查分析中，需要明确著录对象的类型，以及著录对象之间的关系。特色资源的元数据描述对象，一般都是一个集合体，非常复杂，例如本书中讲述的特色资源案例，李政道数字资源包括李政道的手稿、讲义、信函、论文、图片、图书、期刊、报纸和问题集等，地方历史文献则包括契约、账本、赋役、诉讼、行政、家谱、信函、日用类书与工具书、家礼、宗教及戏剧等文献类型。在元数据设计时，需要考虑使用一种甚至多种元数据标准来描述类型复杂的特色资源，重视基本元数据与扩展元素的设置，如增加个性化修饰词、自定义元素等扩展方法，实现全面揭示著录对象的作用。

同时，元数据要描述的对象往往又是一个复杂的复合对象。以契约文书为例，描述一张契约时，可能包括契约文书原件和若干张数字图像，那么该契约文书对应的复合对象就是复合了契约文书本身和数字图像。确定著录对象，是对复合对象进行著录还是对某个具体的对象著录，是制定元数据规范的出发点，关系到整个元数据的结构及具体元素的设计。

一、用户需求调研

制定元数据标准的目的是向用户更充分地揭示资源，因此用户需求应作为最终权衡标准。特别是在结构与格式的设计、元素的增加与取舍、语义规则的制定等方面，要尽可能地从用户的角度出发，增加系统与用户间的交互渠道，如开放式的词表系统的使用、增加提供用户反馈的元素等，为用户提供多层次的检索体系。

二、功能需求调研

特色资源元数据的功能需求应该是能满足资源用户和应用开发者的需要，根据这样的需求设计的元数据才能够支持系统的应用，满足用户的需求。功能需求调研至少应解决以下几个问题：

（1）目标用户特点是什么，系统如何服务用户？

特色资源元数据及系统是服务专业用户还是大众用户，这些用户的主要语言是什么，他们对所描述的数据对象是否熟悉，系统如何实现与用户之间的交互，用户通过怎样的操作才能获得自己想要的结果……只有充分了解目标用户，才能保证元数据设计真正满足他们的需求。

（2）元数据所描述资源的核心特点是什么？

特色资源区别于其他资源的特点就在于其“特色”，这些特色将直接影响元数据元素的设置和选择，根据所描述资源的核心特点来定义元素，以确保元素的定义全面、合理，充分体现特色资源的特点。

（3）有没有相关的描述标准？

调研是否存在与特色资源相关的元数据标准和规范，应尽可能与行业标准或其他政府标准、国际标准保持一致，以满足未来的数据交换、共享和互操作。在此基础上，结合特色资源的特性，设计符合其特点的元数据规范。

（4）元数据应用要实现什么功能，哪些功能不能实现？

设计元数据时应结合特色资源特点和用户需求，明确应用的目的和主要功能，同时还要清楚地了解该应用的功能局限，哪些功能不能实现。

（5）应该实现哪些专门的操作？

明确系统功能所要求的专门操作，如排序、检索需求、下载特殊格式的数据等，只有这样才能保证元数据充分满足应用的功能需求。

（6）特色资源数据是单一来源还是需要整合？

特色资源往往是汇集多个来源、类型多样、载体多元的集合，系统功能设计的最大挑战是整合不同数据源的数据，分析每个数据源的规则，做好元数据映射，整合、利用不同来源的数据，提高特色资源数据的利用率。

第二节　设计原则

总体上，特色资源的元数据设计应遵循通用的国际和国内标准，同时结合特色资源的特点和研究者需求，充分体现元数据设计者对特色资源的组织、管理、服务和保存的理解，因此，元数据设计原则通常应包括标准化原则、一致性原则、互操作原则、可扩展原则及用户需求原则。

一、标准化原则

在元数据设计过程中，应尽量采用现有国家标准、行业标准或其他政府标准、国际标准，按照元数据标引格式规范、文献著录标准、检索功能等系列标准要求进行设计并构建数据库，以满足未来的数据交换、共享和互操作。

二、一致性原则

在元数据设计过程中，元数据内部的定义前后要保持一致，并与现有的国家标准、行业标准或者国际标准尽量保持一致，便于不同数据库系统之间相互转换和共享。

三、互操作原则

互操作原则体现在对异构系统互操作能力的支持，不仅可以为自己的应用系统所操作，而且可以为其他组织或机构的应用系统所操作；可在不同系统、同一元数据标准或不同元数据标准间实现数据的传输、交换或转换。通常在元数据的具体应用上，互操作性往往表现为元数据的开放性与易转换性，即在所携信息损失最小的前提下，可方便地将元数据转换为其他系统常用的元数据标准。这要求在设计元数据标准时要非常慎重地考虑元数据标准的元素定义和元数据结构这两个方面，其中，与目前较为通行的、被广泛支持的元数据标准如 DC 等的语义定义保持一致更为重要。

四、可扩展原则

可扩展原则是指在元数据设计时，为元素、元素修饰词及属性值的扩展预留扩展空间，以保证元数据方案对复杂的元数据互操作环境具有更强的适应力。可扩展原则在特色资源元数据设计与应用时，体现在以下两个方面。

（1）建立最基本、最简单的元数据公共核心集，能够揭示资源的最基本特征，每个用户都可以使用核心集进行描述。

（2）在核心集基础上建立可扩展机制，当特色资源有新增资源内容或新增检索需求时，可根据元素、元素修饰词及属性值设置原则，在与已有元素无语义重复的情况下，可灵活构建和扩展元素、元素修饰词及属性值。当然，扩展要遵循一定的扩展规则，在不破坏已规定的内容的条件下，扩充一些元素或元素修饰词并对其进行定义。元数据标准中应为这种应用提供指导性原则。

五、用户需求原则

在特色资源元数据设计时，为了向用户更好、更充分地揭示信息资源，满足用户需求应作为最终的衡量标准。特别是在元数据结构与格式的设计、元素的增加与取舍、语义规则的制定、编码体系的选择等方面，要尽可能地从用户需求的角度出发，增加系统与用户间的交互渠道，为用户提供多层次的检索体系。

第三节 设计流程

特色资源元数据规范设计包含 4 个阶段，即资源分析阶段、初稿设计阶段、征求意见阶段和公开应用阶段，见图 2–1。

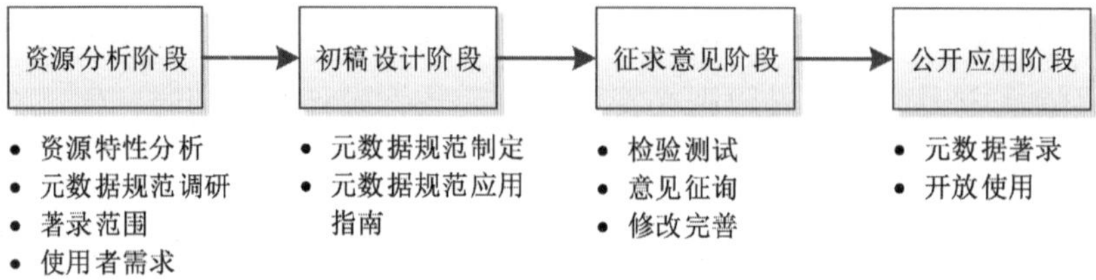

图 2-1 特色资源元数据规范设计流程

一、资源分析阶段

对资源对象进行详细的调研分析，包括对资源本身的分析，以及对资源管理者、资源使用者即用户需求等进行调研。资源对象，包括简单对象和复合对象。复合对象即对象的集合体，包括原件、数字扫描件、复制件，这些不同载体形态称为一个对象。在此阶段，了解资源对象总体情况，包括资源数量、资源类型和资源特点等。掌握用户的使用需求、使用习惯等相关信息。

这一阶段应完成“资源分析报告”，报告应包括如下内容：

①资源对象的定义、类型、特点和对象间的关系分析；

②著录范围、著录内容的确定；

③使用者需求，即用户希望检索的途径和检索的内容，以及用户的检索和浏览习惯，这部分内容的分析直接影响检索点的设置和检索结果的反馈；

④目前国内外关于同类资源是否有可复用和可参考的元数据规范。

二、初稿设计阶段

这一阶段的任务是根据“资源分析报告”，参考并分析国内外相似资源的元数据标准，梳理出反映资源本质属性并且符合用户需求的要素，确定元数据的基本结构，包括内容结构、语义结构和语法结构，以及资源应用环境，如仅限于服务本机构还是联机合作共享等。通过调研，选择适合图书馆资源的元数据标准，如果没有能直接使用的，可复用来自其他元数据标准的元素或元素修饰词，或者根据应用目标设计新的元数据标准。此时，需要考虑元数据的复用与设计原则，如模块化、扩展性、互操作等，从而确定该特色资源（集）的元数据规范草案。

这一阶段应完成“元数据规范制定”和“元数据规范应用指南”等文档，其应包含的内容可参见本书第二部分特色资源元数据设计案例中的相关内容。

三、征求意见阶段

（1）检验测试：组织专业人员进行试验性著录，以检验“元数据规范”设计的合理性，并对实际著录过程中产生或发现的问题进行汇总、分析。

（2）意见征询：征求内容专家和知识组织领域专家意见。

（3）修改完善：根据收集的问题和专家的反馈，修改并完善“元数据规范”。

“元数据规范”通常是宽泛而灵活的，征求意见阶段，应根据收到的反馈信息，调整元数据规范和应用指南，使元数据的应用更具有可操作性与指导意义。

四、公开应用阶段

根据“元数据规范”和“元数据规范应用指南”，全面开展特色资源元数据著录实践，建立著录实验系统和平台，并开放使用。

第三章 元数据标准选择

第一节 特色资源相关标准简介

特色资源是一个图书馆凸显其独特馆藏价值的重要指征。因此，十几年来，国内外信息机构对特色资源的建设越来越重视，并建成了许多特色资源数据库。

其中，国外图书馆的大型特色资源建设项目主要有较早的数字图书馆联盟于2001年开始的数字图书馆研究项目MOA 2（Making of America II）、加州大学的数字网络资源门户CDL（California Digital Library）、美国国家信息标准局（NISO）的《数字静态图像技术元数据数据词典》、美国北卡罗来纳大学信息学与图书馆学院的“开放式数字视频图书馆”（Open Video Project）项目、澳大利亚国家图书馆的“图解澳大利亚”（Picture Australia）项目、美国国会图书馆的音视频元数据示范工程（Audio-Visual Prototyping Project），以及近年来欧洲的数字图书馆、档案馆和博物馆资源库项目“Europeana”等。

我国的特色资源建设和组织相关的研究和项目，除了早期的北京大学信息管理系的“视音频信息元数据与检索创新研究”项目、南京大学书目资源、电子文档、数字教学视频等异构资源的统一描述方案EduMedia，国防科技大学、香港中文大学数字视频管理系统iView，上海图书馆的地方文献多媒体数字资源库“上海年华”项目和名人手稿数字图书馆等，近年来主要有CADAL项目、CALIS的全国高校专题特色数据库、我国国家图书馆的“国家数字图书馆工程”项目、峨眉山自然遗产特色数据库、东华大学的“纺织服装史图文专题数据库”、南开大学图书馆的“跨国公司研究专题数据库”、华东师范大学的“非遗数字资源的元数据规范”研究、上海图书馆的家谱数据库和“中文古籍联合目录及循证平台”、厦门大学图书馆的“东南海疆研究数据库”和“南海特色古籍数据库”、广东省梅州市的“客家山歌”和“世界客都”古民居数字记忆工程等。

相对于MARC来说，元数据更强调简单易用、可扩展、互操作和对互联网的适应性，并且，通过核心元素集和元素集扩展的方式，兼顾了通用性和专指性。因此，在这些特色资源建设项目实施过程中，大多采用了元数据的方式对资源进行描述和管理，并形成了许多业界较为认可、应用较为广泛的元数据规范标准。

一、用于博物馆藏品或特藏的CDWA

《艺术作品描述目录》（Categories for the Description of Works of Art，CDWA）由艺术信息工作组（Art Information Task Force，AITF）开发，主要应用于艺术作品、珍善本和其他三维作品，为博物馆和档案馆等提供和使用艺术信息的团体描述艺术作品（包括其图像）提供结构化工具，目前广泛应用于博物馆、图书馆的数字化可视资源项目。《艺术作品描述目录》的描述重点在于“可动”的对象及其图像，除定义了核心类目（元素）之外，每一核心元素下还设有一层或多层子元素。这个元数据标准是针对描述艺术品的需求而设计的，很多类目反映了艺术品的特点，如反映艺术品时空、人物、历史文化等方面背景关系的类目有方位/布置、风格/时期/流派/乐章、题铭/标志、评论等。它还制定了个人/团体、通用概念、地点/方位、主题 4 个规范档。同时，与 VRA Core、MARC、MODS、DC、EAD、Object ID、CIMI、FDA Guide 等建立了映射关系。

二、用于图像资料的 CDL 数字图像元数据标准

CDL 数字图像元数据标准正式名称为“加州大学数字图书馆数字对象标准：元数据、内容及编码”（California Digital Library Digital Object Standard：Metadata，Context，Encoding），最新版本是 2007 年 1 月修订的《CDL 数字对象准则》（CDL Guidelines for Digital Objects，CDL GDO）2.0 版。采用 METS 架构与 XML DTD 编码，分为描述性元数据与技术性元数据，其中描述性元数据包括 17 个元素，分别为：标识符、题名、创建者、日期、描述、语言、主题（名称）、主题（题名）、主题（地名）、主题（论题、职责、职业）、类别（genre）、类型、格式/载体形态、相关资源集合/项目、机构/馆藏、其他责任者和出版者。

三、用于视觉资料的 VRA Core

视频资源核心类目（Visual Resource Association Core Categories，VRA Core）由美国视觉资料协会（Visual Resources Association）制定，是为在网络环境下描述艺术、建筑、史前古器物和民间文化等艺术类可视化资源而建立的元数据标准。目前已推出 4.0 版本，制定了 17 项元素。VRA 著录单元集合比较简单，尽管 VRA 的元素大多数能在其他元素中找到对应项目，其元素修饰词的定义却是非常具有特色的。例如，

对日期元素 Date 做限定的修饰词就有 Creation（创作）、Design（设计）、Beginning（开始）、Completion（完成）、Alteration（修改）及 Restoration（修复）。

四、用于手稿档案保存的 EAD

编码档案描述（Encoded Archival Description，EAD）由美国国会图书馆网络开发和 MARC 标准办公室（the Network Development and MARC Standards Office of the Library of Congress）维护，同时美国档案管理员协会（The Society of American Archivists）是其合作者。EAD 格式主要用于描述档案和手稿资源，包括文本文档、电子文档、可视材料和声音记录。

EAD 格式先用标准通用标记语言（SGML）作为其编码语言，并使用文档类型定义（SGML DTD）定义其内容与结构。EAD DTD 将整个 EAD 元素集合定义为若干层次的元素组合。其中高层元素分为 3 项：EAD 头标（EAD Header）、前面事项（Front Matter）和档案描述（Archival Description）。

EAD 头标描述了档案产生、修订、出版与发行等信息，包括 EAD 标识符（EAD Identification）和文件描述（File Description），涵盖 Title Statemen，Edition Statement，Publication Statement，Series Statement 和 Note Statement 5 项内容，概要描述（Profile Description）包括创造与语言（Creation & Language）和修订描述（Revision Description）。可见 EAD 头标中所含的这些元素内容是可以在其他元数据格式中找到相似元素的。

EAD 前面事项含有一个题名页元素，用以生成各档案单位自己的题名页。

EAD 档案描述则是对档案内容和相互关系信息的具体描绘部分，这些信息以分层的方式组织在一起，包括文件内容、上下文关系，以及可选的增补信息，具体有描述标识符、附属描述资料、管理信息、编排、传记/历史、检索控制、数字档案对象/数字档案对象组、附注、其他描述数据、组织、范围和内容及附属成分描述 10 块内容，众多的元素内容详尽地标识了档案的各种可用信息。

五、用于地理空间资源的 FGDC/CSDGM

1994 年起美国联邦地理数据委员会（FGDC）开始了元数据的研究。该委员会定义了数字地理空间数据内容标准（the Content Standard for Digital Geospatial Metadata，CSDGM），其目标是为数字化的地理空间数据提供一组公共术语集及其定义，为地理空间信息开放性描述、交换和处理奠定基础。

FGDC/CSDGM 主要由 10 个元素段组成：识别信息（Identification Information）、数据质量信息（Data Quality Information）、空间数据组织信息（Spatial Data Organization Information）、空间参考信息（Spatial Reference Information）、实体与属性信息（Entity and Attribute Information）、发布信息（Distribution Information）、元数据参考信息（Metadata Reference Information）、引用信息（Citation Information）、时间信息（Time Period Information）及联系信息（Contact Information）。

六、跨领域的 DC 元数据

在众多的元数据中，DC 无疑最受关注。DC 元数据全称为都柏林核心元素集（Dublin Core Element Set，DC），产生于 1995 年 3 月在 OCLC 所在地都柏林召开的第一届元数据研讨会上。DC 含有 15 个核心元素，分别包括内容描述（题目、主题、说明、来源、语种、关联和覆盖范围）、知识产权声明（创建者、出版者、其他责任者和权限）和外形描述（日期、类型、形式和标识符）3 个部分。

DC 被广泛地应用于各学科领域，形成了一系列的专门领域 DC 应用，较为著名的有 DC 教育资源应用元素集（DCEd）、DC 政府机构应用纲要（DC-Gov）以及 DC 图书馆应用纲要（DC-Lib）。

七、国内的三大元数据规范标准系列

已在各图书馆特色资源建设中得到推广和应用的元数据规范标准主要有三大系列。

（一）CADAL 项目的基本元数据规范系列

包括报纸、古籍、满铁资料、民国图书、期刊论文、侨批、外文科技报告、西文图书、学位论文和中文图书的描述元数据规范标准。

（二）科技部的专门数字对象描述元数据规范系列

包括古籍、家谱、拓片、舆图、地方志、期刊论文、会议论文、学位论文、电子图书、音频资料、网络资源、视频和图像的描述元数据规范标准。

（三）中国国家图书馆的国家数字图书馆工程专门元数据标准与规范系列

不仅包括电子连续性资源、视频、学位论文、音频、图像和电子图书等专门元数据规范，还制定了核心元数据标准、专门元数据设计规范、管理元数据规范等，并以此为基础，形成了一系列元数据规范的文化行业推荐标准。

八、其他领域的元数据标准

此外，还有一些其他领域的元数据标准也得到应用。例如，用于文本文件的文本编码创世项目（Text Encoding Initiative，TEI）；用于出版业的在线信息交换产品信息标准（ONIX Product Information Standard）；用于数据资料的调查设计与统计方法元数据标准（Standard for Survey Design and Statistical Methodology Metadata，SDSM）、数据文档元数据标准（Data Document Initiative，DDI）；用于音乐类的标准音乐描述语言（Standard Music Description Language，SMDL）；用于数字图像或动画的数字图像技术元数据（Technical Metadata for Images，TMI）；用于音视频资料的多媒体内容描述接口（MPEG-7）标准、MusicBrainz 元数据；用于网络资源的 IAFA/WHOIS + + Templates，SOIF（Summary Object Interchange Format）；用于医学资源的 OhioLINK 医学元数据、美国国立医学图书馆元数据集（NLM Metadata Schema）等。

第二节　选择元数据标准的依据

总体来说，在特色资源建设项目中，一般以两种方式来制订适用的元数据方案。一是根据各自的信息资源特征与服务需求，自行设计元数据方案。早期的特色资源建设项目，可以参考的现成的元数据规范较少，所以，大多是自行设计元数据方案；随着特色资源建设受到越来越多图书馆的重视，相关的建设项目也越来越多，资源类型和数量不断丰富，自定义的元数据规范之间的互操作性较弱、不利于资源整合和利用的弊端越来越明显，元数据规范标准的形成和推广成为业界共识。因此，近年来的特色资源建设项目，越来越多地采取了第二种方式，即选用现有的应用较为广泛的元数据规范为基础，根据所建设的特色资源的内容特征、外部特征和受众（资源使用者）和管理者的需求，进行适当的扩充。

在决定选择哪一种或哪几种元数据规范作为本机构特色资源元数据规范的基础时，主要有以下选择依据。

一、以描述对象的资源类型为首要依据

以资源的文献类型或媒体类型为依据，来区分资源描述的基本对象或单位，是资源描述和组织中较为常见的一种方式，也是目前许多专门元数据规范标准形成的依据。在国家数字图书馆工程的标准规范建设项目中，专门元数据有拓片、舆图、甲骨、古籍、家谱、电子图书、电子连续性资源、学位论文、期刊论文、网络资源、音频、视频和图像等13种子类型。而CALIS在其《专题特色库信息资源名称规范表》中，将信息资源分为手稿、图书、期刊、期刊论文、报纸、会议论文、学位论文、百科全书、档案、照片、家谱、图像资料、视频资料、音频资料、磁带、磁盘、光盘、电子邮件、电子期刊、电子图书、电子报纸、电子版学位论文、数据库、知识库、网站和网页等。以描述对象的资源类型作为选择元数据规范标准的依据，可以直接复用现有的专门元数据规范标准，提高本机构特色资源系统与其他资源系统的互操作性。

二、兼顾专指性和通用性

特色资源元数据标准选择时的难点之一，在于如何保持专指性与通用性之间的平衡。在设计新的特色资源元数据规范时，首先，要对国内外数字资源对象及其元数据标准发展情况，以及相应的描述元数据标准

进行调研、分析。其次，在此基础上，选一种通用元数据规范标准作为基础架构，尽量复用现阶段常用的元数据规范标准中的合适元素，使本机构的特色资源可以更好地融于更大范围内的资源集合。同时，针对本机构特色资源的特点与应用环境，尤其是针对特色资源的用户对象及其使用需求，扩展专门的元数据元素与元素修饰词，从而制定出适合于本机构特色资源的元数据规范标准。

第四章 特色资源组织与知识管理

第一节 特色资源与知识管理

一、从资源组织到知识管理

图书馆情报机构传统的资源组织方式是基于文献的资源组织，对于文献内容的揭示主要限于主题和分类两个方面。近年来，随着信息技术的迅猛发展，越来越不能适应用户的知识需求。20 世纪末至 21 世纪初，在知识经济时代背景下，知识管理成为图书馆情报学的一个重要研究方向。

虽然不同学者对图书馆的知识管理的概念和定义的理解有所差异，但是，大多数的学者都认为，知识管理就是对知识进行鉴别、共享和创新等相关工作的全过程，图书馆的知识管理，其主要内容包括知识创新、知识组织、知识开发、知识服务和知识产权管理。比如，邱均平认为，数字图书馆知识管理是通过对数字图书馆所拥有的包括信息、知识各种要素在内的所有智力资本进行组织、开发和运营，实现知识创新、知识扩散和知识增值的过程。盛小平也指出，图书馆知识管理是指应用知识管理理论与方法，合理配置和使用图书馆各种资源，充分地满足用户不断变化的信息与知识需求，并提升现代图书馆的各项职能和更好地发挥其作用的过程。

其中，知识组织就是在信息获取和信息预处理的基础上，通过知识挖掘，对信息进行精简、提取，发现隐含在信息中的有用知识单元并对其进行集合组织的过程。因此，从图书馆知识管理的角度来说，图书馆的资源组织、信息组织已经逐渐转向为知识组织，并成为图书馆的工作重心。

在图书馆知识管理中，知识组织的方法多种多样。而本体一直被看作数字图书馆环境下，知识组织的有效技术和方法之一。本体的概念起源于西方哲学，英文由 onto（存在、事）与 logos（学问、推理、道理）组成，意思是关于存在的理论，即 ontology。哈佛斯（Haves）在 1978 年把本体论引入了人工智能领域（Artificial Intelligence，AI）。1998 年斯塔得（Studer）等对本体的特点给出了一个较为明确的解释："Ontology 是对共享概念模型的明确的、形式化的规范说明。"这一定义主要包括 4 个方面。

（1）概念模型（conceptualization）：通过抽象出客观世界中一些现象（Phenomenon）的相关概念而得到的模型，其表示的含义独立于具体的环境状态（抽象化、概念化）；

（2）明确（explicit）：所使用的概念及使用这些概念的关系都有明确的定义，不能有歧义；

（3）形式化（formal）：对概念及概念间的关系用形式化的方式表达，以使计算机可读；

（4）共享（share）：共同认可的知识，反映的是相关领域中公认的概念集，它所针对的是团体而不是个体。

从系统工程的角度来说，本体分析能够提供以下方面的好处。

（1）重用（re-usability）：本体是领域内重要实体、属性、过程及其相互关系形式化描述的基础，这种形式化描述可成为软件系统中可重用和共享的组件（component）；

（2）知识获取（knowledge acquisition）：当构造基于知识的系统时，用已有的本体作为起点和基础来指导知识的获取，可以提高其速度和可靠性；

（3）可靠性（reliability）：形式化的表达使得自动的一致性检查成为可能，从而提高了软件的可靠性；

（4）规范描述（specification）：本体分析有助于确定 IT 系统（如知识库）的需求和规范。

本体通过概念模型，对领域知识进行形式化表述，“统一了领域内的术语和概念，方便了人与机器、机器与机器之间的交流，从而增加了知识共享、知识重用的程度”。随着语义网的研究和应用得以流行，本体成为科学知识门户、知识管理、信息集成和融合、电子商务、语义服务等应用的关键所在。目前，本体在数字图书馆中的应用研究，主要是基于资源内容的本体构建，以及“文献资源的书目数据或结构特征进行描述的”基于元数据的本体构建，如 MarcOnt 本体。

本体和元数据的共同点在于，两者都是通过采用标准的编码语言进行形式化处理，来实现对资源的组织和聚合。但是，元数据不能完全解决不同粒度、不同知识体系的资源聚合和关联问题，而本体具有良好概念层次结构和对逻辑推理的支持，基于本体的资源组织主要关注文献的内容特征，通过联想关系构成语义网络，其概念关系交叉渗透，将资源组织成一个相互联系的体系。因此，“相对于元数据来说，本体可以较好地解决语义化、形式化的定义问题，实现语义互操作”。并且这种结构化、语义化可以不仅限于基于描述元数据的语义化，还可以扩展到包含管理元数据，甚至是技术元数据，真正实现基于某一个资源对象的聚合和组织。

二、特色资源元数据规范设计的难点问题

现有的特色资源建设项目所设计或应用的元数据规范，其元数据方案所描述内容基本一致，采用的基础框架相似，都是以都柏林核心元数据元素集的框架为基础，包括了内容描述、外形描述和知识产权声明等基本内容。元数据规范设计往往基于文献角度，主要关注文献资源显性的内容和形式特征，通常用于实现两个功能：一是较为准确地描述信息资源的形式特征，以便资源能够更快速地、更准确地被识别和获取，从而有助于用户的资源选择；二是较为准确地描述信息资源的主题内容，以实现资源的发现和选择。

但是，在实际应用中，特色资源往往是基于某一个或某一类内容特征或形式特征，将不同类型资源（如图书、期刊、学位论文等文本型资源，以及图像、音频、视频等其他媒体类型的资源）聚合在一起的产物。其资源类型的多样性和内容的特殊性，使得同一个特色资源集的元数据规范在设计时，往往需要兼顾多种媒体类型和文献类型的差异性，而资源的类型不同，又可能使得其具体应用场景和应用需求有所不同，用户所关注的重点也会不尽相同，因此，在元数据规范设计时，往往会采取核心元素、类型元素和个别元素的分层结构，来解决资源元数据规范的统一性问题。

另外，在资源提供利用之前，为了方便用户对资源进行统一发现和利用，对于多源、异构的特色资源元数据，一般需要以元数据集映射的方式，通过数据转换或复用集成来进行数据的预处理，将多源、异构的

特色资源通过统一的元数据标准进行关联，以在不同元数据标准之间实现数据共享与互操作，从而为用户提供一个统一的检索界面，确保系统对用户的一致性服务。

这些元数据规范的映射、转换、复用等方式，都可能会面临数据失真或丢失的问题。因此，在特色资源元数据设计的过程中，不能孤立地对一个资源进行属性描述，而需要在元数据的基础之上再建立一些机制，使不同项目的特色资源元数据记录可以有效地汇集而不造成关键数据的失真或丢失，同时，对一个资源与其相应的资源一同考量，分析资源之间的相关性，把相关资源放在同一个语境中来分析，形成一个可以描述特色资源内容文化特征的知识集合，挖掘资源对象之间存在的复杂的关联关系。

总之，基于元数据的特色资源组织，在其元数据规范设计和应用时往往面临着两个难点。

（1）元数据对语义互操作的支持度不足，无法完全满足资源关联的需求。以资源为核心描述对象的元数据规范，其主要目的是对资源特征的揭示，把所涉及的责任者、作品等都作为资源的附属属性来进行定义和描述，对于不同资源对象或不同实体间的关系表达不够，元素的定义和取值都以文字描述和非结构化的文本居多，机器无法直接理解和处理。这样一来，不同来源的元数据规范之间就无法完全兼容，造成了不同资源系统间的异构问题，使资源对象之间关联关系变得十分复杂。从这个角度来说，“元数据提供了数字图书馆的语义基础，使资源有了基本的微观结构。但是，元数据并不能完全解决信息系统的语义异构问题”。因此，需要在元数据基础之上再建立某些机制，来灵活地实现元数据之间的互操作，解决不同粒度、不同知识体系的资源聚合和关联问题，实现语义互操作。

（2）数据仍然没有彻底解决规范控制的难点问题。“传统的资源组织，一般是通过对实体名称形式的规范控制，来解决实体的多种名称形式的汇集、识别和关联……通常采用的方法是在同一实体的多个名称形式中选定一个作为规范标目，名称的其他形式则作为入口词，通过名称形式之间的参见关系达到‘集中同一责任者的不同著作，汇集同一著作的不同版本或译本’的目的。”现阶段大部分的元数据规范在设计时，仍然沿用建立规范词表的方法，来实现实体的聚集和区别。但是，当不同语言环境的、异构来源的元数据记录整合到一起时，由于来自不同系统的元数据记录中同一实体的规范名称形式可能千差万别，这就使得资源整合之前面临着大量的数据预处理和数据清洗工作，且效率低下、效果不佳。仅仅从文献描述的角度出发，不能很好地解决各个实体的多种名称形式和多种属性的描述、汇集、组织和信息共享，比如元数据规范在设计时，通常不会将资源内容创建责任实体的基本属性（如姓、名、曾用名、名称缩写、国别、所属时代、所属机构和人际关系等）、贡献方式（如批、校、序、跋和收藏）等细粒度的知识点，作为元数据规范设计的重点。而在特色资源利用和数字人文研究中，往往正是依靠这些知识点挖掘出其中隐含的关键要素。因此，就影响了不同来源的资源之间、资源所涉及的实体之间的关联关系的呈现和扩展。

第二节　特色资源的实体关系模型

一、相关的实体关系模型

1998 年，国际图联在其研究报告《书目记录的功能需求》（Functional Requirements for Bibliographic Records，FRBR）中，通过对实体、

属性、关系的研究，提出了一种新的书目记录的结构和关系的理论，并将各书目记录之间、书目记录中各著录对象之间的关系归结为作品、个人和团体、主题这三组实体关系，每组实体之下又进行细分，如主题之下细分为概念、实物、事件和地点。而不同实体之间的关系通过实体的属性反映并予以联系。

2012 年 11 月，美国国会图书馆和以语义技术起家的泽菲拉（Zepheira）公司合作开发的书目框架计划（The Bibliographic Framework Initiative）发布第一份报告，公布了所用的关联数据模型草案，同时在书目框架官网上发布用例与需求、不断更新的词表，以及适当的工具和服务。书目框架（BIBFRAME）定义了 4 类实体：抽象的创造性作品（Creative Work）、实例（Instance）、规范数据（Authority）和注释数据（Annotation）。其中，规范数据和注释数据同时面向抽象作品和实例。2016 年，美国国会图书馆推出了 BIBFRAME 2.0，并于 2017 年年初进行少量更新。相比于 BIBFRAME 词表，BIBFRAME 2.0 模型与词表有较大变化，不但取消了规范类，也取消了创作者（bf：creator）、作品题名（bf：workTitle）和规范检索点（bf：authorizedAccessPoint）等的属性。在 BIBFRAME 2.0 中，设想实体以自身 URI 而非规范记录 URI 表示。

中国国家图书馆的知识组织规范中，提出了基于《国家图书馆核心元数据标准》的核心元数据本体模型，其中定义了文献资源、代理者、时间和时间段、概念框架、概念等 5 类实体，并将代理者分为个人、组织机构、团体 3 个子类，将时间和时间段分为时间点、时间段 2 个子类，将概念分为语种、地名、资源类型、媒体类型、人名、团体名和组织机构名等子类。

EVENT 本体开发于伦敦玛丽皇后大学的数字音乐中心，草案写于

2004 年 10 月。EVENT 本体把围绕事件的实体分为 6 类：事件/子事件、代理、因子、产品、空间、时间。其中代理（Agent）指起作用者（通常是人，但也可能是物，比如计算机），因子（Factor）指除代理外的其他参与因素（比如使用的工具、抽象的起因）。事件本体使用 4 个命名空间，除本身外，还有复用人物、时间、地理的 3 个本体。

根据不同的应用范围和场景，以上实体关系模型对于实体的划分依据各有不同，不过，它们有一些共通点：除了将资源作为实体之外，都提取了人/团体/机构和主题（概念）等知识点为实体。而随着数字人文技术在特色资源的研究和推广利用中得到越来越多的应用，用户对特色资源数据库的信息需求，已经逐渐从基本信息的查找和利用，发展到基于概念和内容的知识组织，以及基于时间、地点、人物、事件等的数据挖掘和关联。为此，在特色资源元数据规范设计时，可以从特色资源的版本鉴定、时空关联、人物关系分析、分类聚合等方面的个性化研究需求着手，提取资源以下 4 个实体属性：人物（如 creator、contributor、publisher）、时间（如 date、coverage、temporal）、地点（如 coverage、spatial）、主题（如 subject、keyword），来设计和选择元素。

二、特色资源元数据的实体关联

如上文所述，特色资源元数据规范设计时，可以从人物、时间、地点和主题 4 个方面来对资源的知识内容进行描述和组织。以 DC 的元素集为例，资源的主题，不仅可以直接从主题词（subject）、关键词（keyword）中获取，还可以对资源的题名（title）、摘要（abstract）进行语义分析和概念提取，从而进行更丰富、更精确的主题描述。在设计元数据规范和数据库结构时，如果充分考虑到这些知识点，将其实体关系厘清，就可以更好地发掘和呈现各个资源之间的关联关系（见图 4-1）。

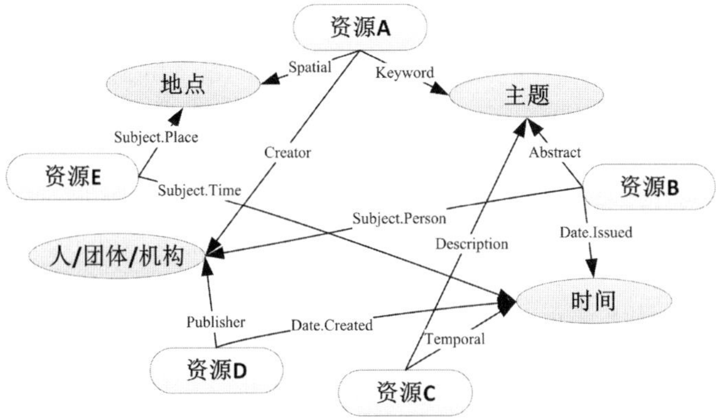

图 4-1 实体关联示意图

第三节 资源的四大实体属性

与时间、地点、主题和人物这四个实体相关的本体模型中，当前阶段应用比较广泛的有 Time 本体、GeoNames 本体、SKOS 本体和 FOAF 本体。其具体的属性和类别如下所述：

一、时间

Time 本体是由 W3C 发布的，用于描述网页中的时间概念和属性，其命名域为 http：//www. w3. org/2006/time。该本体提供了一个词表，用于表达时间段和时间点及期间、日期中的拓扑关系，并且提供了世界时间的 time zone 实例。该本体包含的类别（时态实体、期间描述、日期描述、时态单元、周等）如下：

TemporalEntity 时态实体

Instant 时间点

Interval 时间段

ProperInterval 严格时间段（与 Instant 不相交）

DateTimeInterval 日期时间段

DurationDescription 期间描述

DateTimeDescription 日期描述

TemporalUnit 时态单元

Day of Week 周

二、地点

地点本体 GeoNames 本体基于 GeoNames 地名数据库而构建。GeoNames 地名数据库涵盖了所有国家，包含了 650 万个地点将近 200 种语言的 850 万个地名和 200 万种别名；地理信息详细到坐标、行政区划、邮政编码、人口、海拔和时区，并提供免费下载。GeoNames 本体是为了实现将语义的地理信息添加到万维网中。GeoNames 本体为 GeoNames 地名数据库中所有的地名赋予一个唯一的 URL，并对应相应的 RDFWeb 服务。基于 GeoNames 本体（命名空间为 gn:），这些地名已经被语义化描述并发布为关联数据形式，可直接获取其描述。

命名域为 http：//www. geonames. org/ontology/ontology_ v3. 1. rdf。其中，SpatialThing 描述了空间范围内的任何信息，如空间实体的大小、形状、位置等，以及人、场所、抽象实体（如立方体等）。其中，场所（Place）又包含了对行政区域、自然实体等详细信息的描述。

三、主题

主题本体模型（Simple Knowledge Organization System，SKOS）是一个通过语义网分享和连接知识组织系统的通用数据模型，是由 W3C 提出的关于叙词表、分类法、主题表或其他受控词表的表达方式，基于 RDF 和 RDFS 标准，可以让语言更加规范化。

命名域为 https：//www. w3. org/2004/02/skos/vocabs，该本体包含 4 个类：Collection，Concept，Concept Schema，OrderedCollection，并包含 is in semantic relation with、hasTopConcept、is top concept in scheme、has member 等近 30 个属性。

四、人物

人物本体模型 FOAF 本体的命名域为 http：//xmlns. com/foaf/0. 1。FOAF（Friend of a Friend）是一个机器可读的本体，描述了人、人的活动、人与人和人与物之间的关系，任何人都可以使用 FOAF 来描述人，它是一个使用 RDF 和 OWL 语言的描述性词表。例如，计算机可以利用这些 FOAF 文件查找所有住在欧洲的人，或列出所有你和你某个朋友都认识的人。每个 FOAF 文件都有一个特定的 ID，例如，这个人的E-mail 地址、某社交账户 ID、其主页或微博的 URI 等，都会在定义关系时被用到。

参考以上 4 个本体模型的实体类和属性的特性，按照各类型特色资源元数据中各个元素的描述对象和取值类型，从中挑选出以人、人际关系等为特征的人/团体/机构类元素，以集合、事件、概念等为特征的主题类元素，以时间点、时间段等为特征的时间类元素和以坐标、行政区划、空间位置等为特征的地点类元素，最终提炼为人/团体/机构、主题、时间和地点 4 个通用实体，并形成图 4-2 中的特色资源实体关系模型。

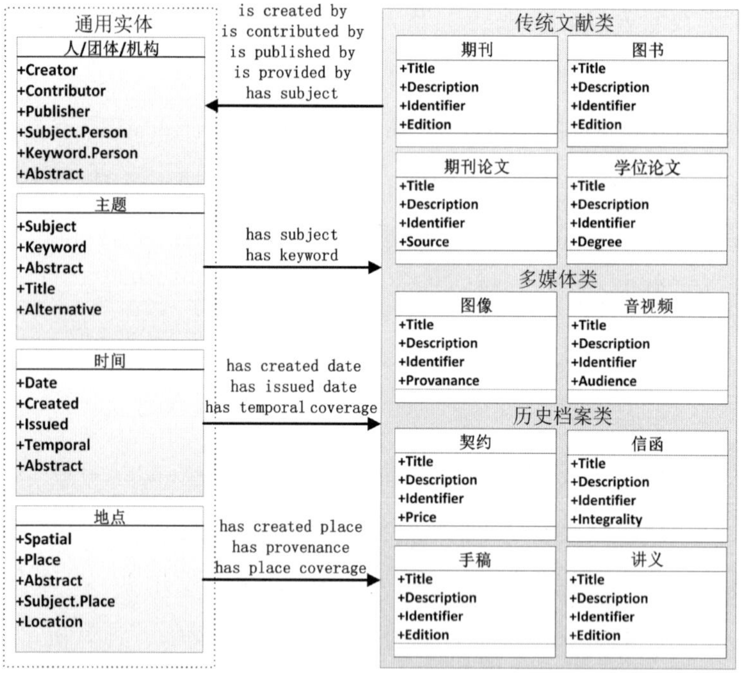

图 4-2　特色资源实体关系模型

第二部分
特色资源元数据设计案例

第五章
地方历史文献元数据设计

第一节　资源概况及需求分析

一、资源概况

地方历史文献主要产生于民间的日常生活，最早由傅衣凌在20世纪40年代发现并加以研究。目前，学界尚无共识的定义，在不同的语境中，也被称为民间历史文献、民间文书、历史文书档案等。迄今为止，国内三个区域的发现构成了地方历史文献收藏的主体：徽州、清水江流域、浙南。其中，徽州是地方历史文献发现、收集持续时间最长的区域，从20世纪50年代起开始收藏，存世量至少80万件，分别收藏于十几个机构，整理最深入，著录、分类的标准也最复杂。清水江流域文书是近十年来发现数量增长最快的文书群。它位于贵州的苗族聚居区，发现数量最初为几千件，至今估计存于民间的可能有50余万件。浙南文书的大量发现是在2007年之后。上海交通大学地方历史文献中心率先在石仓（属今丽水市松阳县）发现大量保存完好的契约文书，石仓契约可以说是关于这个浙南小村庄的一部百科全书——在一个小小的区域之中，集中数千件契约文书，300 余本账簿，具有非常好的完整性和配套性。依据契约，学者从中窥见民间的历史记忆，还原这个小村庄里各家各户的情况，复原出活生生的、丰富多彩的民间社会生活，针对乡村社会的各种问题进行穷尽式的研究，由此带动了清代乡村地权与手工业研究的小高潮。

2007 年以来，上海交通大学一直在收集主要来自浙江、福建、皖南的地方历史文献，图书馆馆藏地方历史文献已达 35 万件，主要来自浙江、安徽、福建、江西，此外还有湖北、河北、辽宁、云南等多个省份，最北至辽宁喀喇沁左旗，最南至云南蒙自市。在浙江、安徽、福建、江西 4 省，目前入藏文献已覆盖了总计 36%的县份，是目前最能够系统反映东南地区传统社会的文献群。馆藏文献类型丰富，从文献特定的产生源流和社会功能出发，可将其分为买卖契约、账簿、赋役、诉讼、行政、家谱、信函、日用类书与工具书、家礼、宗教、戏剧、教育考试和医药等 13 种类型。了解并掌握各种文书的内涵和主要类型，是制订地方历史文献元数据方案的基础。下面对各类地方历史文献进行简单介绍。

（1）契约：契约是徽州文书中最早发现，亦是存量最大的一类文献，据估算占已发现徽州文书的 60%左右。在对明清民间文献的研究中，狭义的契约一般指土地、房屋或其他物品交易，双方或多方订立的交易完成证明。广义的契约定义为在一项经济行为中，参与者双方或多方对财产或权利的转移进行认可及约束的文本。在这一定义下，涵盖的类型包括各种散件契约（红契与白契）、抄契簿、合同、收据、分家书（分关书、阄书、继书和遗嘱）。

（2）账簿：对经济行为中产生的数据进行登记、统计、核算的文献。

传统账簿的产生来源可以分为家户和非家户单位两种。使用家户而非家庭一词，强调的是家庭作为经济核算与生产的单位。账簿在经济活动中所扮演的角色有两大类，一类是商业活动的记录，另一类是非商业活动，财产的增减是记录的重点。应对两种不同类型的经济活动，账簿的记录内容各不相同。

（3）赋役：赋役类文献是政府对纳税人进行赋税、徭役的征收、登记过程中产生的文献。

（4）诉讼：指在诉讼案件过程中产生的文献。

（5）行政：这一大类的文献是政府在处理赋役与诉讼以外的事务过程中产生的文献。

（6）家谱：徽州文书中研究史最悠久的一类文献，这类文献既可能是编制宗族总谱的前期文献，也可能是根据宗族总谱抄录的用于某一家族分支祭祀的文献。除了常见的统宗谱、分支谱及家规、族约之外，现存文献中还可以看到一些单页或数页的，只包含数代家族世系信息的世系图谱。

（7）信函：主要分为信函和信函留底。

（8）日用类书与工具书：日用类书是对某一商业与日常生活专门事务进行介绍、指导的文献。徽州文书中尚存有不少辞书、俗字典、书写格式指导书等文献，统称为工具书。

（9）家礼：家礼是对庶民成年礼、婚礼、丧葬、祭祀等礼仪的规范，是对普通民众日常礼仪影响最大的规范性文本。在上海交通大学馆藏文书中，存在大量婚书、聘书、礼单、命理单、选吉期书、坟墓选风水单，这类文献统称为家礼。

（10）宗教：地方历史文献中的宗教类文献主要就是科仪书，如有晚清基督教传教文献，也归入这一大类。

（11）戏剧：戏剧文献主要包含戏曲抄本、宗教唱本、歌册。

（12）教育考试：用于教育与科举考试的文献归类为教育考试类。

（13）医药。医药类书籍应按照四部分类法归类，但地方历史文献中有一些相关材料值得注意。

二、资源特点

从资源整理、组织和数字化的角度看，地方历史文献的特点也明显区别于其他文献。

（1）民间性。地方历史文献全部由民间收集的途径发现、获得，创造主体或使用主体是普通老百姓。未经过知识再整理的过程，是地方历史文献民间性最显著的表现特点，因此其发现时的原始留存状态往往是研究中重要的线索。

（2）归户性。整理者和研究者将收集到的文献以家族为单位进行分类整理，这一过程称为归户。民间文献的特性在于其具有特定的生产使用机制、流传方式、保存系统，尤其是同一家庭的各种文献之间有其内在的系统性和关联性。

（3）非组织化。地方历史文献是一种非组织化的知识载体，不存在学术传承脉络。现代文献分类使用的《中国图书馆分类法》，以及古籍图书使用的四部分类法等具有共同的特点，它们主要是针对有组织的知识载体的分类体系，无法适用于地方历史文献，需要设计新的分类法。

（4）动态性。地方历史文献时间跨度长，跨越明、清，延至民国时期，数量庞大，分散于民间，随着学者的不断收集和发掘，其收藏数量与涉及的内容都将持续扩增，因此是一个动态的概念。

三、用户需求分析

在规模不断增长的地方历史文献中，经过整理、出版和数字化的只是极少部分，地方历史文献重发现收藏、轻科学整理的状况，致使这些珍贵的史料文献得不到全面、系统的揭示和充分的利用。整理出版与数据库开发两方面都是当务之急，而这些工作都应基于保管者、整理者、研究者的需求。

（一）建立统一的分类标准是学界普遍提出的需求

历史文献数据库建设中，设置分类检索是一种主流的应用需求，使用什么样的分类原则与分类体系，与数据库封装内容密切相关。通过文献调研和对历史文献研究者的访谈和沟通，地方历史文献元数据方案设计的首要问题不是核心元素的确定，而是确定并建立分类标准的问题。地方历史文献发现 80 年来，学界仍未形成一套为学者和科研机构共同接受的分类标准，这给文献的整理、检索和利用带来了不少的困难，地方历史文献需要在统一的分类标准体系下进行整理、开发和研究。这也是地方历史文献不同于其他文献的一个现实问题。

当代出版物使用的《中国图书馆分类法》，以及古籍图书使用的四部分类法等，是针对有组织的知识载体的分类体系；地方历史文献的特色恰在于其非组织化，不能适用于以上分类法。正如浸淫这一研究领域多年的郑振满教授指出：“我们已经有很完整的历史文献学知识体系，包括目录学、版本学、校勘学、考据学和训诂学等等，但这些都是在研究和整理传统典籍的基础上形成的，很难直接用于研究民间历史文献。”

（二）地方历史文献的整理应遵循来源分类的原则

历史文献学处理的材料是传统典籍，这些典籍一般是某个人或机构的有意识书写，契约文书等地方历史文献则是人们在经济活动与日常生活的过程中无意识生产出来的。换言之，明清以来地方历史文献的信息源来自社会生活的一切领域、一切部门和一切个人，而非来自特定信息源。并且，信息源的形态是动态变化的，而非来自固定的客体。这使得地方历史文献的性质更接近于历史档案而非传统典籍。

因此，地方历史文献的保管、整理、分类和编目，应当更多地借鉴档案学已有的方法和理论，如档案学最基础的理论：全宗原则和来源原则。所谓“全宗原则”，是强调一个个人或机构或其他社会活动客体（必须是一项工程或课题），在其全部社会活动中产生的文件，应当被作为一个全宗进行独立保管和归档，来源原则强调，档案保管必须保持档案的“来源联系”。也就是说，应当以文献产生时的来源单位作为文献整理和保管的基本单位，从而避免打破文献之间既有的有机联系。在此基础上，历史研究学者刘伯山提出了契约文书的“归户属性”。

归户是指文书的产生来源，因为地方历史文献正是以家族为单位产生的，以家族为单位进行保管、分类，最能够保持文献自身内部的有机联系。整理者和研究者可以将收集到的文献以家族为基本单元进行分类、整理，保存了文献来源的基本形态。

（三）建立唯一的“身份识别信息”

地方历史文献的利用对象，包括保管者、整理者、研究者。保管者的应用需求是对馆藏信息进行确认，整理者的需求是对文献进行分类（Classification）、鉴定（Identification & Determination）、命名（Nomenclature），研究者的需求是从文献中检索并提取研究课题所需的信息。

一套能够应对三方面需求的“身份识别信息”至少应当包含 4 项内容：编号、归户、分类、题名。

1. 编号

是地方历史文献归档、数字化过程中产生的唯一可识别的编码，这个编码可以保证扫描后的文献被唯一检索，也可以保证数字化文献和原始文献进行核对。

2. 归户

是对文献地理信息与家族所属信息的描述，保存了文献来源的基本形态。

3. 分类

对文献内容的聚类描述，帮助整理者进行文献的分类整理，帮助研究者初步评估文献与自身研究课题的相关度。

4. 题名

整理者根据文献内容，描述并概括文献年代和内容，帮助研究者进一步评估文献与自身课题的相关度。

为了有效利用文献，开掘其研究潜力，研究者呼吁对每一件地方历史文献建立独立、唯一的“身份识别信息”。

第二节　分类体系设计

一、分类法现状

学者发现并开始研究地方历史文献已有 80 余年，至今仍无一种为整理者和研究者普遍接受的通用的分类整理的方法，这样的局面无疑对研究者利用文献造成了很大的障碍。下面以徽州文书为例来说明这种困难的局面。

徽州文书是地方历史文献研究、整理中，最为成绩卓然的领域，被称为“徽学”的专门学问，被认为是以原始史料为基础的中国史学研究五大领域之一，另外四个领域是甲骨学、简牍学、敦煌学和明清档案学。徽州文书的大规模流入各科研机构与公藏机构，始自20世纪50年代屯溪古籍书店收集徽州文书；20世纪70年代后，各机关又各自先后展开收集工作。相应地，各科研与公藏机构对徽州文书的整理、编目工作也在展开。20世纪90年代初，徽学界提出了两种分类方法《徽学文书类目》（以下简称《类目》）和《徽州历史档案总目提要》（以下简称《总目提要》），这是大陆学界较早编制的民间文书目录与分类体系，根据文献叙述内容进行分类，代表了当时大陆学界的理解。黄山学院图书馆特藏部徽学资料中心就是使用《类目》，将文书划分成9大类。中山大学图书馆“采用文献类型分类和文献内容分类相结合的综合分类原则”，将徽州民间历史文献分为16大类。有学者梳理了目前徽州文书流行的分类编目方式，至少有5种：形态分类法、作者分类法、年代分类法、内容分类法、归户分类法。分类整理工作陷于一种众多收藏研究机构各自为战的混乱状态，收集整理最为深入的徽州文书尚且如此，其他地域的地方历史文献自不待言。

二、分类法编制

上海交通大学历史系地方文献研究中心（以下简称研究中心）赵思渊等学者通过对学界提出的各种分类法进行比较研究，结合大陆学界对《类目》和《总目提要》的理解，重点分析了这两种目录。这种分析比较，有助于从发展的角度理解地方历史文献的整理方法，反思文献叙述内容作为分类依据的不足，从而为设计和编制更为科学、通用的地方历史文献的分类法提供经验和思路。

地方历史文献是一种非组织化的知识载体，不存在学术传承脉络。但民间文书有特定的产生源流和社会功能，这是设置分类法的首要依据；同时，为了促进历史文献的检索和利用，研究中心编制文献分类法是以数据库应用为导向的。基于这两方面因素的考虑，地方历史文献分类法的制定遵循如下原则：分类概念间的不相容性、分类法的扩展性、批量处理时的效率。

（1）分类概念间的不相容性。这是分类法定义的自然延伸，是文献整理不紊乱的基本前提。从两方面予以确保，第一是对每个一级类目的定义给予明确的界定；第二是采用列举排除法，列举说明每个一级类目中可能发生混淆的内容。

（2）分类法的扩展性。考虑到地方历史文献既不是一般档案资料，又非单一内容的专业学科主题文献，存在动态扩增的可能性，分类法设计应结合文献的动态性，着眼于未来发展，为每一类提供较充分的可扩展类目，体现合理的扩展性。考虑到地方历史文献加之目前尚未形成统一的分类标准，其数字化产品的分类法设计结合文献的动态性，着眼于未来发展，提供较高的可扩展性。

（3）批量处理的效率。它是指在大规模处理文献时，人工判定快速有效，并且今后能应用于机器判定。要满足这一要求，分类法中就不能包含机器通过一组关键词无法识别的信息，或者需要人工通读全文才能获取的信息。研究者使用关键词在数据库中检索时，要依靠分类法对检索结果进行排列和二次检索，因此分类集合的设置需要考虑相关研究领域的重要主题。

三、分类体系结构

根据以上原则，分类法设置一级类目 13 个，分别用字母 A—M 表示，包括契约、账簿、赋役、诉讼、行政、家谱、信函、日用类书与工具书、家礼、宗教、戏剧、教育考试和医药。此外，考虑到地方历史文献的动态扩增，在设计时提供了较高的可扩展性。“在每一大类下，都设置一个二级分类的动态新增类（0 号），用于未来这一大类中新发现的尚无法归入已有二级分类的文献归类，直到可以确定其性质或建立新的二级分类”，见表 5-1。

表 5-1　上海交通大学地方历史文献分类体系表

<table>
<tr><th>一级分类</th><th>二级分类</th><th>三级分类</th></tr>
<tr><td rowspan="12">A 契约</td><td>A0 未归类契约</td><td></td></tr>
<tr><td rowspan="2">A1 散件契约</td><td>A11 红契</td></tr>
<tr><td>A12 白契</td></tr>
<tr><td>A2 抄契簿</td><td></td></tr>
<tr><td>A3 合同</td><td></td></tr>
<tr><td>A4 收据</td><td></td></tr>
<tr><td rowspan="4">A5 分家书</td><td>A51 阄书</td></tr>
<tr><td>A52 分关书</td></tr>
<tr><td>A53 继书</td></tr>
<tr><td>A54 遗嘱</td></tr>
<tr><td rowspan="9">B 账簿</td><td>B0 未归类账簿</td><td></td></tr>
<tr><td rowspan="3">B1 商业账簿</td><td>B11 商业收支账</td></tr>
<tr><td>B12 往来账</td></tr>
<tr><td>B13 盘货账</td></tr>
<tr><td rowspan="3">B2 家记账</td><td>B21 家记收支账</td></tr>
<tr><td>B22 置产簿</td></tr>
<tr><td>B23 租谷簿</td></tr>
<tr><td>B3 会簿</td><td></td></tr>
<tr><td>B4 征信录</td><td></td></tr>
</table>

续表

一级分类	二级分类	三级分类
C 赋役	C0 未归类赋役	
	C1 田赋缴纳记录	C11 串单
		C12 易知由单
		C13 田赋征收单
	C2 土地登记记录	C21 鱼鳞册
		C22 都图文书
		C23 土地清丈单
		C24 土地陈报单
	C3 徭役登记记录	C31 黄册
		C32 里甲文书
		C33 百眼图
	C4 归户册	
	C5 实征册	
	C6 税额转移记录	C61 税票
	C7 盐税	
	C8 厘金缴纳记录	
	C9 商业税及其他税种缴纳记录	
D 诉讼	D0 未归类诉讼	
	D1 官府诉讼文书	
	D2 抄招	
	D3 民间诉讼文书	
E 行政	E0 未归类行政	
	E1 保甲	
	E2 政府文告、布告	
	E3 执照	
F 家谱	F0 未归类家谱	
	F1 家谱	F11 统宗谱
		F12 分支谱
	F2 家规族约	
	F3 祖宗簿	

续表

一级分类	二级分类	三级分类
G 信函	G0 未归类信函	
	G1 信函	
	G2 信函留底	
H 日用类书与工具书	H0 未归类	
	H1 类书	
	H2 辞书工具书	
I 家礼	I0 未归类家礼	
	I1 婚书	I11 聘书
		I12 礼单
		I13 选吉期单
		I14 两造命理单
	I2 丧葬文书	I21 葬礼礼单
		I22 坟墓选风水单
	I3 个人命理单	
	I4 家族礼仪文书	
J 宗教	J0 未归类宗教	
	J1 科仪书	
	J2 基督教文书	
K 戏剧	K0 未归类戏剧	
	K1 戏曲抄本	
	K2 宗教唱本	
	K3 歌册	
L 教育考试	L0 未归类教育考试	
	L1 启蒙书	
	L2 制义书	
	L3 科举试卷	
M 医药	M0 未归类医药	
	M1 药方	
	M2 医书抄本	

为测定分类的适用性，利用编目抽检结果、研究文献计量等方法进行了检测，验证该分编目著录有效，该分类法在上海交通大学图书馆地方历史文献数字化项目建设中得以实际应用。下面对各类进行详细说明和细目设置。

（一）契约

契约是徽州文书中最早发现，亦是存量最大的一类文献，根据现存地方历史文献的形态，以及传统上对“契约”本义的理解，我们将广义的契约定义为在一项经济行为中，参与者双方或多方对财产或权利的转移进行认可及约束的文本。在这一定义下，涵盖的内容应当分为 5 个二级类目：A1 各种散件契约（红契与白契）、A2 抄契簿、A3 合同、A4 收据、A5 分家书（阄书、分关书、继书、遗嘱）。

需要特别说明的是 A5 分家书类目。在之前的徽州文书分类系统中，将分家书系统归类为家族/宗族文书类，但在归档实际操作中，如果单独设置家族文书分类，会造成相当多文献面临重复分类的问题。从文献来源角度看，无论作为分家的分关书、阄书或者财产继承的继书、遗嘱，都是对一个家庭/家族财产分配方案的认定，符合研究中心对契约的定义，并且也符合契约“缠束”与“出予受入”的本义，因此也归入契约类。

（二）账簿

作为一种经济活动的记录，可从两个维度考虑其功能和属性，即经济活动内容与会计流程。账簿在经济活动中所扮演的角色有两大类。一类是商业活动的记录。“商业”一词在这里特别强调经由贸易、交换实现的盈利活动，其经营主体是一个商业组织，手工业生产、金融借贷则不涵盖在内。在这类记录中，财产的交换、流动是记录的重点。另一类是非商业活动，财产的增减是记录的重点。应对两种不同类型的经济活动，账簿的记录内容各不相同。

商业账簿主要记录经营主体的日常收支、贸易往来、资产清理。在传统账簿书写习惯中，以上三种功能常常写作“收支”“客簿”“盘货”等字样。非商业账簿主要记录的是财产收支与财产登记。依据以上理解，将账簿分为两大类：商业账簿与非商业账簿，商业账簿设置3个二级类目：商业收支账、往来账、盘货账。非商业账簿倘仅从经济功能的角度考虑，设置家记收支账、置产簿、租谷簿3个分类即可。但是，研究中心认为有两种特殊的非商业账簿必须独立分类才能将所有账簿文献包含在这一编目内。这两种文书是会簿和征信录。另外，在迄今上海交通大学收藏整理的徽州文书中，尚未发现可明确定义为征信录的文献，但征信录是徽州文书乃至明清地方历史文献中重要的一类文献，因此在分类法中设立二级分类。

根据以上分析，将账簿分为：B1商业账簿（商业收支账、往来账、盘货账）、B2家记账（家记收支账、置产簿、租谷簿）、B3会簿、B4征信录。

（三）赋役

赋役是政府对纳税人进行赋税、徭役的征收、登记过程中产生的文献。赋役分为9个二级类目：C1田赋缴纳记录（串单、易知由单、田赋征收单）、C2土地登记记录（鱼鳞册、都图文书、土地清丈单、土地陈报单）、C3徭役登记记录（黄册、百眼图、里甲文书）、C4归户册、C5实征册、C6税额转移记录（过税票、推税票、收税票，统称为税票）、C7盐税、C8厘金缴纳记录、C9商业税及其他税种缴纳记录。

对这一分类需要解释的是归户册、实征册和赋役合同。归户册是政府对每个纳税户拥有的土地及其相应额征田赋的登记记录，因此它事实上属于一种田赋登记记录。但是这一文献系统在地方历史文献的归户中具有重要意义，因此设为二级类目。基于同样的原因，实征册也设为二级类目，实征册是政府对每个纳税户当年应缴纳税额的登记记录。另外，在土地交易或其他场合中，交易双方会订立纳税义务归属的合同，这类合同是关于赋役事务的，但它不符合政府对纳税人的关系，而是私人关系的文献，因此列入契约大类中的合同二级类目。这与之前徽州文书的分类法略有不同。

另外，黄册、里甲文书、都图文书、盐税等在上海交通大学馆藏地方历史文献中尚未发现，但这些是明清赋税制度的重要部分，设为二级类目。都图文书是新近发现的文书类型，主要内容是对徽州各县的都、图、图所属村落、花户进行说明。这类文献的产生来源及其性质尚不能完全断定，既有可能是收税胥吏为收税目的而编制，也有可能是用于指导商人和一般人户的类书。目前的研究倾向于它是为税收目的而编制的文献，因此暂且归类在赋役类中。

（四）诉讼

诉讼案件过程中产生的文献。从文书来源看，第一类文书是由官府制作、发出的文书；第二类是由民间制作，但得到官府认可的文书；第三类则是由民间自行编辑的文书。这样，诉讼文书分为 3 个二级类目：D1 官府诉讼文书、D2 抄招、D3 民间诉讼文书。

需要注意的是，徽州文书中存在一类教导讼师或普通人诉状书写格式及诉讼技巧的文献，这类文献应当归入日用类书与工具书类。这类文献通常也会描述一个完整的案件，包括事由、人名、时间、地点等，因此容易被误认为是实际诉讼中产生的文献，这是文献整理中需要认真鉴别的。

（五）行政

行政是政府在处理赋役与诉讼以外的事务过程中产生的文献。这一类包含 3 个二级分类：E1 保甲、E2 政府布告与文告、E3 执照。从文献来源和社会功能考虑，C 赋役与 E 行政都是由官方发出的，实现政权控制人民的目的而产生的文献，应归为一个大类“官书”。但处理赋役事物的文献存量很大，又是一个重要的研究主题，从提高二次检索效率的角度考虑，将赋役列为一级类目。

（六）家谱

家谱是以记载一个血缘家族的世系与事迹为主要内容的史类文献，是徽州文书中研究史最悠久的一类。除了常见的统宗谱、分支谱，以及家规、族约之外，现存文献中还可以看到一些单页或数页的，只包含数代家族世系信息的世系图谱，这类文献既可能是编制宗族总谱的前期文献，也可能是根据宗族总谱抄录的用于某一家族分支祭祀的文献，在徽州当地，习称为“祖宗本”或“祖宗簿”，亦单列为一个二级类目。这一类包含 3 个二级类目：F1 家谱、F2 家规族约、F3 祖宗簿。

（七）信函

上海交通大学收藏文献中信函存量亦不少，分为 2 类：G1 信函、G2 信函留底。

（八）日用类书和工具书

对某一商业与日常生活专门事务进行介绍、指导的文献。已发现的日用类书有对书信格式、诉状格式、称谓礼仪等各种专门事务进行介绍、指导的类型。徽州文书中尚存有不少辞书、俗字典、书写格式指导书等文献，从功能上说，它们与日用类书接近，都是用于指导商业或日常生活中的具体事务，将这些文献归类为工具书，将日用类书与工具书归为一大类。这一大类分为：H1 类书、H2 辞书工具书。

（九）家礼

家礼是对庶民成年礼、婚礼、丧葬和祭祀礼仪的规范，家礼文献可定义为民众进行婚姻、丧葬、祭祀等礼仪过程中产生的文献。在上海交通大学馆藏文书中，存在大量婚书、聘书、礼单、命理单、选吉期书、坟墓选风水单，以往研究者多根据自己的需要，将文献做不同分类。其实，用“家礼”这一来自传统典籍的概念涵盖这些文献是最为适宜的。据此，可分为：I1 婚书（聘书、礼单、选吉期单、两造命理单）、I2 丧葬文书（葬礼礼单、坟墓选风水单）、I3 个人命理单、I4 家族礼仪文书。

（十）宗教

地方历史文献中的宗教类文献主要就是科仪书，如有晚清基督教传教文献，也归入这一大类。宗教唱本、宝卷归为戏剧文献。罗经、风水地理书、命理推算指导书等按照典籍使用四部分类法归类。分为 2 类：J1 科仪书、J2 基督教文书。

（十一）戏剧

戏剧文献包含 3 个二级类目：K1 戏曲抄本、K2 宗教唱本、K3 歌册。

（十二）教育考试

用于教育与科举考试的文献归类为教育考试大类，分为 3 个二级分类：L1 启蒙书、L2 制义书、L3 科举试卷。制义书与科举试卷的区别是：前者是科举考试写作的指导书，而后者是考试中实际写作的试卷或练习范文的辑录。

（十三）医药

一类是单张的药方，这可能是为病人实际开具的药方，还有的是由民间宗教的仪式专家开具的，反映民间社会医疗与宗教之间的关系；另一类是医书抄本，通常没有完整的格式，以口诀等形式为民间提供医疗知识，可以认为是和职业医家、儒医编纂的医书，与医案属于不同的知识传播系统。这类文献目前可以分为两类：M1 药方、M2 医书抄本。

以上就是研究中心对地方历史文献的全部 13 个分类。此外，考虑文献的发展和类目的可扩展性，在每一大类下，都设置一个二级分类的动态新增类（0 号），用于新发现且无法归入已有类目的文献，直到可以确定其性质或建立新的二级分类。

第三节　元数据规范设计思路

一、现状分析

元数据是描述某种类型资源或对象的属性并对这种资源进行定位和管理、同时有助于数据检索的数据。元数据也可以是用来描述网上信息资源，加强对网上信息资源的搜集、开发、组织与利用的结构化数据。

根据组织信息资源的功能区分，元数据可以被定义为4种类型：

（1）知识描述型元数据，主要描述信息资源的主题、内容特征，如DC元数据；

（2）结构型元数据，相对于知识描述型元数据，更侧重于数字化信息资源的内在特征，如目录、章节、段落等；

（3）存储控制型元数据，用来描述数字化信息资源能够被利用的基本条件，以及指示这些资源的知识产权特征和使用权限；

（4）评价型元数据，描述和管理数据在信息评价体系中的位置。地方历史文献的元数据规范主要涉及知识描述型元数据和存储控制型元数据。

为了能够对不同类型的信息资源进行描述和处理，国际上不同领域的专业结构研究和制定了用于各个领域和各种场合的元数据标准。美国国会图书馆将常见的描述元数据分为通用元数据与专门元数据两类，通用的描述元数据包括Marc21，MODS，DC，ONIX，EAD等，专门的描述元数据有CDWA，VRA，Core，IEEE-LOM，SCORM，PBCore，IPTC Core，FGDC等标准，分别用于描述图像、学习对象、多媒体出版物、照片、地理数据等多种资源的属性特征。目前，尚未制定针对类似地方历史文献的描述元数据规范。

科技部重大项目“我国数字图书馆标准规范建设”的成果《专门数字对象描述元数据规范》，对14种不同类型的元数据规范进行了规范性设计，包括古籍、拓片和舆图等文献资料类型，但地方历史文献不在其列。2011年国家数字图书馆工程标准规范项目相关的研究成果推出，专门元数据规范分为古文献、电子书刊和网络多媒体资源三大类型，共涉及13种文献。地方历史文献的描述元数据规范尚未列入现有专门元数据规范中。

而近些年，随着地方历史文献研究的升温，出现了一些量身定制的自建元数据方案。网络和文献调研的结果显示，目前已展开契约文书组织研究的类似项目包括敦煌文书、徽州文书和清水江文书等，均采用自建元数据方案的做法。黄山学院参照《类目》，根据文献叙述内容进行分类，为徽州文书制定了标识项、内容可选项、外观可选项、文档结构项、实例说明项 5 类 15 个元素。中山大学为所藏契约文书制定了由必要项目和选择项目组成的著录项目，归纳起来有 12 个项目。清水江文书建设中对契约文书主题、契约文书类别、契约文书签订时间、归户、形式特征及附注等信息进行描述。这些建设项目从馆藏契约文书资源出发构建元数据方案，适应了本地资源特点，但在规范化、互操作性、资源关联方面尚有待提升。

二、明确设计目标

（一）实现标准化

地方历史文献元数据规范的设计，应遵循国家标准和国际标准及已有的规范，形成一套兼顾资源特点、用户需求与系统需求且具有实际使用价值的描述元数据方案，实现描述元数据的关联与互操作，为最终形成全国性资源的共享与整合构建基础。

具体来说，地方历史文献元数据规范可遵从科技部《专门数字对象描述元数据规范设计指南》的总体框架，一方面应尽可能复用影响最大、应用最广、国际主流元数据标准都柏林核心元数据集，以其 15 个核心元素作为地方历史文献核心元素集的参考，同时按需复用 DC 各应用方案和其他元数据规范中的元素或元素修饰词，并建立相应的映射关系。从而实现元数据规范的通用性、可扩展性、系统之间的互操作性等需求。

（二）兼顾个性化

鉴于 DC 元数据标准主要针对网络实体资源的检索，所揭示的是数字实体资源的共性特征，为了充分揭示对象的特殊性，地方历史文献元数据规范应结合文献特定的产生源流和社会功能，考虑其民间性、动态性、非组织化、归户等特性，设置若干个别元素，形成核心元素、个别元素共同组成的基本结构。这两个层次的划分有效保证各种不同元数据标准的一致性与整体性，又最大限度地体现地方历史文献的特征，使标准具有更强的包容性和灵活性，支持数据交换和检索，实现数据共享。

（三）构建文献关系

地方历史文献是一种非组织化的知识载体，不存在学术传承脉络，仅仅通过设置核心元素和个别元素组成一整套元数据元素集，帮助用户通过名称、事主、归户、事由、地域、标识符、档案号等与地方历史文献相关的字段进行检索，这种以文献方式建立的信息系统不能真正满足研究者的需求，还需要构建更丰富的文献关系，如多重聚类、关联和发现等，才能满足研究者的文献发现需求，这是地方历史文献元数据规范设计的重要目标。

三、确定设计原则

在元数据设计目标的指导下，描述元数据规范设计的原则，除了遵循业界普遍认同的模块化原则、可扩展原则、互操作原则、实用性原则外，结合地方历史文献的特点与功能需求，还应遵循归户原则和关联原则。

（一）归户原则

指实现文书资源的归户聚类。史学者刘伯山在 2000 年国际徽学研讨会上最早提出地方历史文献的归户性，指“分散的、零碎的契约文书经考证可复归原属的同一户”，也就是说，应当以文献产生时的来源单位作为文献保管的基本单位，从而避免打破文献之间既有的有机联系。根据民间历史文献的归户进行资源组织，有利于形成以家、族、会、社为单位的资源集群，例如，通过设置归户元素著录契约文书来源的行政区划、家族信息，可将同一地域、同一家族的文献集中在一起，形成面向组织或个人的组织体系，保持其原始存在环境的完整性及传承脉络的有序性。

（二）关联原则

指提供资源间多维度的联结。契约文书不是孤立存在，而是相互依存、彼此联系的，文书的整理水平关系到学者对资料的利用程度。通过描述元数据提供的多重关联，保持其内在关系网络的系统性。契约文书描述元数据的关联性体现在两个方面：一方面，通过具有关联属性的元素，将契约散件在空间、时间、人物与家族关系等维度上缀合成相对完整的全景图像；另一方面，借助分类汇总、比较等手段，在相关内容间展开联系与比较。

四、提炼资源属性

在用户需求调研的基础上，分析资源特性，提取资源属性，将资源属性归纳为物理特征、内容特征、身份识别特征三大属性模块，最终制定出 18 个元素的描述元数据元素集，见图 5-1。

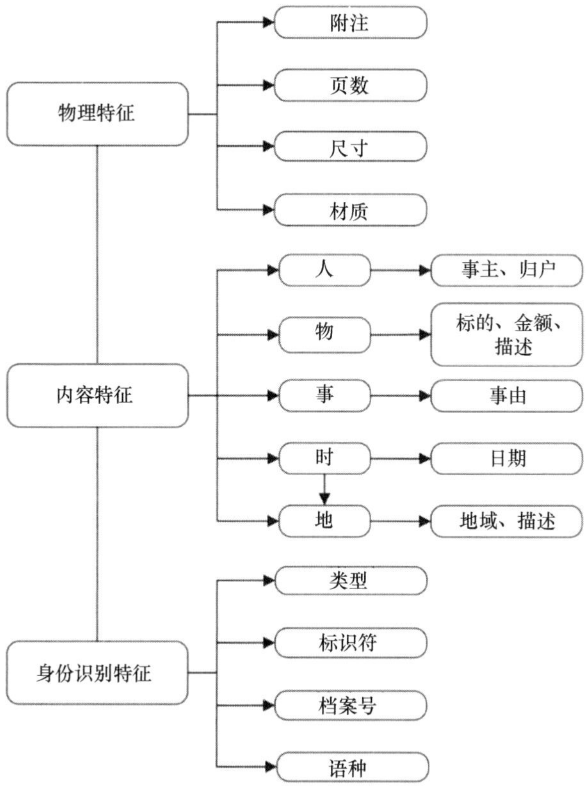

图 5-1　契约文书的资源属性

（1）物理特征。记录资源实体的物理形态、外观特质等外部信息，如页数、尺寸和材质等，并设置附注项备注其破损情况及有无官印或私印，是对资源完整性的描述。外部物理特征将为进一步的修复和保存工作提供依据，也有助于判断资源本身历史及文献价值。

（2）内容特征。从人物与家族、时间、地域、事件和物品对象等角度抽取资源描述的相关内容，如签订契约的当事人及见证人、所属的家族、事件发生的时间、交易的对象物品、交易对象坐落的地理位置等，这些信息分别体现了资源的内容特征。提取出资源的内容特征，有助于后续通过元数据进行资源聚合，探索资源间关联关系，联结资源形成较为完整的网络体系。

根据研究者和使用者的需求，无论是对于单件还是成册的地方历史文献，事主、归户和标的等信息是研究的重要线索，因此在人和物的属性下自定义设置的元素包括事主、归户、标的和金额。

（3）身份识别特征。实现资源的编码与定位。涉及编码的识别特征既包括使用规范代码表示的识别信息，如语种，也包括根据资源特点自定义取值方法与范围的资源类型、标识符、档案号等信息。在契约文书资料的整理过程中，通常依据来源信息进行档案号的设计与编码，并应用于后续的数字化过程与数据库建设。

五、构建关系模型

地方历史文献的搜集与整理，既构成学术基础，又构成学术前沿。史学研究者珍视文书史料，因为它是反映历史细节的第一手资料。当他们想了解一个时代的经济与社会变迁时，就不能不借助于这样的资料。因此，对地方历史文献进行分类整理，形成较为系统与完整的资源集合，是支撑史学研究与撰述的基础。

而传统的信息组织方法，其出发点多是基于文献的管理和文献的查阅需求，而地方历史文献具有非组织化、不存在学术传承脉络、归户性等特点，仅通过文献查阅功能，简单定位到一张契约、一本账簿，是很难满足研究者定位到真正需要的内容，研究者需要用零散的文献拼出一个村庄的发展脉络，用碎片化的信息构建家族关系网络的变迁，还原小村庄里各个家户的情况。因此，需要厘清并建立不同文献的内在关联，如时间脉络、地域布局及人物关系等，方便研究者对乡村社会的各种问题进行穷尽式的研究。基于这样的思考，上海交通大学图书馆结合地方历史文献的资源特点，设计了地方历史文献描述元数据关系模型，即基于时间、地点、人物和事件四大实体建立关系模型，试图建立资源间的关联关系，从而充分发挥数据库的信息检索和知识发现的功能。

针对地方历史文献的特点和研究者的需求，下文对四个实体的元素析出和提炼进行分析和阐述。

（一）时间

地方历史文献中往往包含多样化的时间信息，如文献产生的时间日期、交易的日期等，又如同一时间使用不同的纪年方式，时间范围的起止定位等。因此可将历史纪年表中的朝代和年号作为不同的实体，找出其起止年份，与公元纪年进行对照。采用朝代与年号对照合并的制度进行纪年，一方面用时间串起资源，提供时间轴上观察民间地方经济社会变迁的视角，另一方面便于对照推算，将个体事件放置在同时代事件比较的位置上。

（二）地点

上海交通大学馆藏地方历史文献中存在多种地理信息，藏量最多的契约、赋役和诉讼类文献有丰富的地理信息，非常适用于历史学的区域性研究。

契约类文献涉及土地、房屋等物体的产权转移，需要载明标的物的位置和范围，地理信息相对完整、详细；赋役类文献中，鱼鳞图册（用于土地赋税登记、统计的册籍）、归户册（统计一个家户的应纳税土地信息的册籍）、串单（纳税户每年缴纳土地税的凭证，记有纳税户的地理信息）、税票（主要是推税、收税，税票是地权交易后，赋税负担转移的证明，有交易双方的地理信息），均有详略不同的地理信息；

除契约、赋役两大类外，在诉讼类文献中也常常出现涉案人的地理信息；另外某些行政、家谱类文献中也包含地理信息。

结合地理学知识与文献样本统计，将地方历史文献中出现的地理信息可归纳为几个要素：县（含）以上行政区划、都图信息（基层管理组织）、聚落名称、坐落土名、四至边界及土地字号。这些要素经过提炼和规范，可设置为归户、描述、地域三个元素。

“归户”是指文书的产生来源，因为地方历史文献是以家族为单位产生的，并以家族为单位进行保管、分类，归户反映了文献形成与收集过程中的地理信息，通过归户的关联，能够建立文献自身内部的有机联系。“描述”是原文中所有与地域相关的信息，“描述”反映了文献记载内容的地理信息。为规范描述内容，将“描述”字段设置为从原文获取的村以及村下一级地理信息。“地域”是将“描述”中的文字内容转化为标准代码，由一组特定位数、格式的数字组成。

总的来说，归户、描述、地域三个元素都蕴含着文献的地理信息，地域分布的统计和呈现，将有助于读者从总体上把握文献的分布和存量，也将提升数据库的分析功能从而帮助人们发现不同批次文献之间的联系。

（三）人物

事主是地方历史文献中出现的所有重要关系人，包括交易双方、证明人、书写者及其他出现的人名，他们之间的关系是平等的。契约文书记录了个人、家族、组织的民事行为，第一事主是指文书所载交易行为的发起者，即立契人，如未载明发起者，则第一事主为文献起草者；第二事主是交易行为的另一方或权利接受者、事件承受者。因此事主及其身份是其首要的且重要的内容特征。

事主的身份，即人物在经济活动或民俗活动中的立场、角色，事主姓名和事主身份构成完整的事主信息，可以保留文书的原始性，比如“亲房、仝长媳”等人物关系。因此，可以通过事主身份信息的聚合，建立相关人物的经济关系，勾画经济活动或民俗活动的关系图。

归户信息著录契约文书来源的行政区划、家族信息，尽量细化到村级，可将同一地域同一家族的文献集中，将来源于同一家户、不同类型的文献之间实现关联。有利于形成以家、族、会、社为单位的资源集群，形成面向组织或个人的组织体系，保存其原始存在环境的完整性及传承脉络的有序性。

（四）事件

是地方文献记载的事件或各种行为，如诉讼行为、交易行为和完税行为等。事由、自行拟定的题名、描述中均含有事件相关信息，而人物实体中的“事主”和“第一事主”等，将同一事主参与不同经济活动、乡俗活动等事件之间也可以实现关联。

六、实现多重关联关系

地方历史文献描述元数据关系模型的建立，实现了文献知识内容的关联关系构建，见图 5-2。发现数据间的关系，如文献间的关系、人与人的关系、人与地的关系等，有助于进行一些针对性的关系研究与比较研究，这样才能更为全面地把握不同区域间乃至全国范围内历史现象的共性和特殊性。

归户关联：上海交通大学所藏的契约文书具有较强的系统性，积累了某些乡村家族多代的文书，在横向的家族间有紧密的联系，在纵向的时间维度上也有继承性。

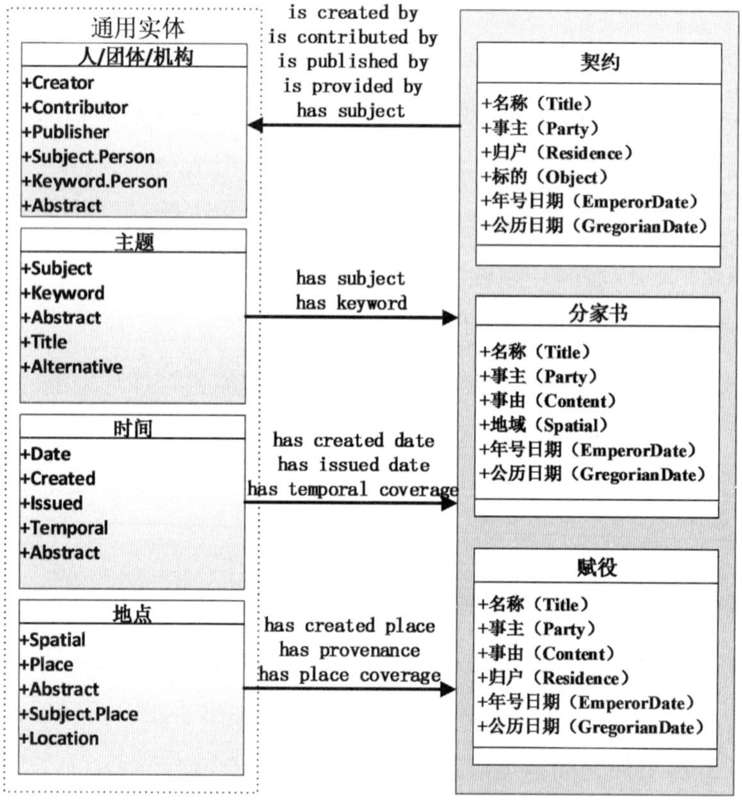

图 5-2　地方历史文献描述元数据关系模型示意图

人物关联：地方历史文献记录了个人、家族、组织的民事行为，因此人物及其角色是其首要的且重要的内容特征。事主和事主身份职称，即人物在经济活动或民俗活动中的立场、角色。通过事主身份信息的聚合，关联起相关人物的经济关系。标的物地理信息涉及土地交易和变迁，将为研究者理解村落、土地及人物之间的关系提供线索。

事件关联：“事主”和“第一事主”“第二事主”元素的构建和关联，将同一事主参与不同经济活动、乡俗活动等事件之间实现关联。

中西历关联：契约文书采用朝代与年号组合的年号制度进行纪年，设置公历日期与年号日期两个元素，提供时间轴上观察民间地方经济社会变迁的视角，将个体事件放置在同时代事件比较的位置上。

资源实物关联：档案号元素著录每一份契约文书的唯一标识符，即资源的身份识别代码具有唯一性。该标识符的阿拉伯数字构成，分别代表着来源、收集日期、单户序号和单件序号等信息。同一个来源码表示资源从同一个来源采集而来，同一个收集日期表示同一个收集批次，以此类推，保留了契约文书的原始获取信息及顺序关系。档案号在数字化扫描时可关联数字化图像与实物关联，在资源编目时，可挂接数字化图像与编目记录。

多重关联关系：地方历史文献不是孤立存在，而是相互依存、彼此联系的，文书的整理水平关系到学者对资料的利用程度。实体关系模型的建立，将很好地展示地方历史文献内在关系的系统性。如文献间互相佐证的关系——同一家户的家谱、地契、账本；人与人之间的关系——同一房契地契的多个买卖人和现场见证人；事件与事件之间隐含的关系——同一事主参与不同经济活动、乡俗活动等事件之间实现关联。

七、规范控制

地方历史文献描述元数据关系模型为实现文献的聚类、关联提供了知识组织的核心和基础，而另一个需要重视的关键性问题是规范控制。地方历史文献鲜明的民间性和非组织性，表现为：存在的大量异体字及俗字；同一人名、地名和朝代名有不同的表述方式；交易价格的多种表达等。如不同时间同一地点的名称不一致，不同地点重名，同一地点在不同的时间范围内属于不同的行政区域划分，同一时间使用不同的纪年方式，时间范围的起止定位等。

规范控制，解决的是同一地名、人名、朝代名不同表达方式的认定、消歧与合并，解决异体字及俗字与规范字的转换对照。处理这些问题，需要引入已有的外部本体和规范词表，例如时间本体（Time Ontology）、异体字及俗字与规范字的对照表等；地理信息的规范，遵照国家统计局的标准规范《最新省、市、县行政区划标准代码》，同时在转换古今地名时，借鉴地理学等相关学科已有研究成果，以保证数据的规范性和互操作。

此外，在构建文献和数据间关联关系的同时，还需注重知识积累，即“允许用户添加评论，允许可信赖的专家编辑数据，发现并纠正错误，吸收并保存用户与专家贡献的新知识”，使地方历史文献库成为不断生长的有机系统。

第四节　制定元数据规范

一、设计元数据元素集

要完整地描述一件地方历史文献的信息需求可多达几十项元素，全部罗列所有数据项，使得元数据规范过于复杂而缺少实用性。通过用户需求收集、应用环境分析及资源属性和特征的提炼，结合地方历史文献的特点，遵循模块化原则、可扩展原则、互操作原则、实用性原则、归户原则和关联原则等元数据设计原则，在实体关系模型的框架指导下，复用国家标准《信息与文献都柏林核心元数据元素集》（GBT 25100-2010），制定地方历史文献元数据规范及元素集。

地方历史文献的元素集包含 20 个元素：名称、事主（第一事主、第二事主)、归户、事由、描述、地域年号日期、公历日期、标的、价格、页数、尺寸、材质、附注、资源类型、标识符、档案号和语种，见表5-2。根据地方历史文献的个性化特点，设计的个别元素包括事主、归户、年号日期、标的和价格，见表5-3。

表 5-2　地方历史文献元数据元素集

资源属性	编号	元素	名称	复用
内容特征	1	名称	title	dc：title
	2	事主	party	party
	3	第一事主	first party	
	4	第二事主	second party	
	5	归户	residence	
	6	事由	content	dc：description
	7	描述	description	dc：description
	8	地域	place	dcterms：spatial
	9	年号日期	EmperorDate	dc：date
	10	公历日期	GregorianDate	dc：date
	11	标的	object	
	12	价格	price	
物理特征	13	页数	page	dc：extent
	14	尺寸	size	dc：extent
	15	材质	texture	dc：format
	16	附注	note	dc：description
身份识别特征	17	资源类型	type	dc：type
	18	标识符	identifier	dc：identifier
	19	档案号	Schedule number	dc：identifier
	20	语种	language	dc：language

表 5-3 地方历史文献元数据自定义元素

元素	说明
事主	原文中出现的所有重要关系人及其角色，重要关系人包括交易双方、证明人、书写者以及其他出现的人名
第一事主	指文书所载交易行为的发起者，即立契人，如未载明发起者，则第一事主为文献起草者
第二事主	交易行为的另一方或权利接受者、事件承受者
归户	契约文书产生来源的人或社会组织及其所属的行政区划、家族信息
年号日期	封建帝王纪年的名称与日期
标的	交易的对象，土地、房屋、物品和权利等
价格	因标的物产权转移所产生的金额

这些元素的设置便于研究人员根据各自研究需要，从分类、朝代、年号、年序、行政区划名、交易对象、地理名称、土名、事主、受业人、交易价格、白契、红契及原始编号等多种不同角度进行资源查找与组织。

二、建立使用指南

完成元素集的构建后，为准确、高效地进行著录，有必要编制使用指南，对著录对象、著录用文字与符号进行规定，对元素使用方法等进行说明，提供具体详细的操作指导。

（1）著录对象。规定以具有独立标识符的一份文献为地方历史文献的著录单位，这样可以揭示到每一份文献，与揭示到整包文献相比，揭示的颗粒度更小，能发现更多细节信息。

（2）著录用文字与符号。现实中图书馆的地方历史文献描述元数据著录工作，必须统筹考虑元数据著录的精确性、互操作性、经济实用性进行规定。遵循编目中照录的原则，即摘录自资源本身的内容一律照录。

（3）元素说明。解读每个元素的含义，给出通用的著录格式与示例，说明取值的方法、使用的标点符号，以及如何处理一些不规则的情况等。如事主是原文中出现的所有重要关系人，包括交易双方、证明人、书写者以及其他出现的人名。第一事主通常出现在文书开头、文书结尾，第二事主需从正文中摘录。事主著录的格式规定为：姓名（身份职称）。事主名称之间用半角分号（;）连接，事主身份职称间用半角逗号（,）连接。通过使用指南的说明，强调了著录时辨识、填写事主身份职称的重要性，而事主身份职称信息，正是文献的用户——历史文献研究者所看重的。

第六章 李政道手稿资源元数据设计

第一节 资源概况及需求分析

一、资源概况

2011 年 6 月，诺贝尔物理学奖获得者、著名科学家、艺术家、爱国人士李政道先生希望在他退休之前将毕生积累、收藏的各类科学文献、研究手稿等珍贵资料捐赠给上海交通大学，以期惠益后人。从 2011 年开始，李先生陆续从美国寄来百余箱捐赠资料。捐赠资料中包括各类科学文献、研究手稿、通信信件、“科—艺”结合作品、诺贝尔奖章、证书和其他各类获奖证书等珍贵资料。这批资料的创建时间横跨半个多世纪，类型资源多样，包含手稿、论文、讲义、信函、图像、音视频和书刊等，内容涉及物理、天文、生物、艺术、科研管理和新闻时事诸多领域，体现了李政道先生的科学研究道路，以及与科学家、艺术家等各界知名人士的交往。由上海交通大学图书馆进行这些资源的清点、分类、整理、编目和数字化加工等工作。

李政道先生“不仅是一位勤奋而又有很大成就的学者，而且是学术界的一位杰出勇士和活动家；不仅在物理学上有很大成就，而且对艺术和历史文化也有很深的造诣，在科学和艺术的关系上有很深的研究，并且是一位很有成就的业余随笔画大师”。从这段评价可以看出，他的研究方向与个人兴趣跨越了物理科学、艺术、历史和文化等多个领域。

二、资源特点

李政道作为知名科学家，他的捐赠资源具有唯一性与独特性，是非常典型的特色资源。

（1）具有很高的科学性。手稿中的公式推演类手稿重现了公式推导的过程，记录了他勤勉治学的成长轨迹和严谨的科研态度，为后人研究他的科学思想提供了一手材料；论文、著作手稿展示了科学研究是如何从闪耀的灵感一步步转化为最终果实的。

（2）具有很高的史料性。手稿中大量的信函类手稿记录了他与科学界、艺术界等各界人士的来往与沟通，还有不少李先生与一些国家领导人的通信以及领导人的重要批示。李政道先生收藏细致，收藏了大量的往来书信，而且一般手写的去信都留有底稿，回复的信件也保留了复印件或传真件，这些完整的收藏帮助研究者再现了许多历史场景，透露了大量的历史信息，具有史料价值。

（3）具有显著的档案性。档案本质上是社会生活或者人类社会历史的原始记录——原始记录性是档案的本质特性。李政道捐赠资料是他本人在日常科研活动、社会生活中直接形成的原始记录，是最初的、第一手的材料，以文件箱、文件夹、资料页的形式保存，显示层次性，具有鲜明的档案特征。

三、用户需求分析

由于李政道图书馆的定位是集图书馆（含学术研究与交流）、档案馆和博物馆三大功能于一体，因此这批捐赠资源的服务对象既包罗了科学史、物理和天文等科学领域的研究人士，也涵盖了科学爱好者、历史爱好者、学生、青少年等广泛的社会各界人士。不同类型用户对资源使用的需求有所差异。

科学爱好者看中资源学术意义。科学手稿中的演算公式能重现理论推导过程，构思设计图能复原研究原型演变轨迹，讨论通信能记录科学家之间的思想碰撞，为后人研究科学思想提供一手材料。

历史爱好者重视资源史料价值。科学家历时数十年积累整理而成的捐赠资料，不仅是知识和文化的宝贵财富，对历史工作者来讲，也具有非常重要的意义。一页页稿纸、一封封邮件展示了李政道的科学研究与写作过程。与亲人的通信及相片，反映了科学家家庭生活的一面。

青少年学生对文献本身更感兴趣。科学家亲笔所写或打字输入的原稿，体现了严谨的学习和工作态度，展示了高级的思维能力和研究方法，将给予青年学子一笔科学精神财富。

为满足不同社会各界人士的需求，李政道先生捐赠的实体资料将收藏于上海交通大学李政道图书馆，同时数字化版本在李政道数字资源中心在线展示。

李政道小传：

李政道（英文名 Tsung Dao Lee，发表文章时署名 T. D. Lee，中文拼音 Li，Zheng Dao）美籍华裔物理学家，在宇称不守恒、李模型、KLN（Kinoshita-Lee-Nauenberg，木下-

李-诺恩堡）定理、粒子物理、相对论性重离子碰撞（RHIC）物理、非拓扑孤立子场论等闻名。1957年，时年31岁的李政道因发现弱相互作用下宇称不守恒定律共享诺贝尔物理学奖。这“是基本粒子领域中的重大发现”。

李政道1926年11月24日生于上海。他在上海中学时期的教育因日本入侵被迫中断，因此他没有得到中学文凭。尽管如此，在1943年，李政道以同等学历考入浙江大学。当时的浙江大学因战争迁至贵州。入学不久，李政道在物理方面的天赋渐露锋芒。浙大的物理教授束星北、王淦昌等对李政道进行启蒙教育，使得他对物理学的兴趣迅速增加。之后在1944年，日本进一步入侵贵州又使他的学业中断。1945年秋，李政道转学考入昆明的西南联大，为大二的转学生。在那里他遇到了他的恩师吴大猷教授。在大学二年级末，因吴先生的推荐，李政道获得中国政府奖学金赴美攻读研究生。1946年，李政道进入芝加哥大学，并被恩利克·费米（Enrico Fermi）教授挑选为他的博士生。在费米的指导下，李政道于1950年获得博士学位。

1953年，李政道加入哥伦比亚大学，为物理系助理教授。1956年任哥伦比亚大学正教授，是哥伦比亚大学建校200多年历史上最年轻的正教授。他在哥伦比亚大学最初的工作是关于量子场论中的可解模型，现在被称为李模型。不久，他的注意力转移到粒子物理，开始关注K介子之谜的进展。在1956年初，李政道意识到解决这个谜的关键在宇称不守恒。在他的建议下，第一个实验测量是由施泰因贝格尔（Steinberger）组进行的超子衰变实验。当时，这个实验的结果仅给出了宇称可能破坏的2个标准偏差。在这个可行性研究结果的激励下，李政道与包括杨振宁在内的其他同事对弱相互作用中P，T，C和CP可能的破坏进行了系统的研究。在吴健雄与她的合作者关于宇称不守恒的实验得到肯定的结果之后，李政道与杨振宁荣获了1957年诺贝尔物理学奖。

20世纪60年代初，李政道与他在哥伦比亚大学的同事开创了高能中微子物理的重要领域。这导致了1962年在布鲁克海文国家实验室的著名的Lederman-Schwartz-Steinberger实验，这个实验揭示了存在着两种不同的中微子分别伴随电子与介子。1964年李政道与诺恩堡分析了与零质量粒子相关的发散。他们描述了一种普适方法，这种方法被称为KLN定理。这个定理在QCD物理当今工作中一直起着重要作用，而且仍然是粒子物理的关键热点课题。1974—1975年，李政道发表了题为“高密度下一种物质的新形态”系列文章。这些文章开创了RHIC物理的现代领域，至今仍统领整个高能核物理领域。

除了粒子物理外，李政道还活跃于统计力学、天体物理、流体力学、多体系统、固体物理和格点QCD等领域。1983年李政道发表了题为《时间能否成为离散动力学变量》的文章。这篇文章是李政道和他的合作者用平移和转动变换的连续群下是严格不变的差分方程描述基本物理的一系列论文的开创篇。从1975年起，李政道与同事一起开创了非拓扑孤立子领域。之后在20世纪80年代和90年代他一直工作在这几个领域中，并致力于孤立子星和黑洞的研究。

1997年，李政道建立RIKEN-BNL研究中心，并兼职为中心主任。2004年，研究中心与李政道主持的哥伦比亚大学研究小组合作建成十万亿次超级计算机。在理论研究方面，李政道与弗里德伯格（Friedberg）发展了一系列解薛定谔方程新方法。这种方法获得长期没有能被解决的量子简并双壁位势中的收敛迭代解与其他瞬子问题解。他们在发展另一新系列名为“时间子”（Timeon）的理论。在这里，李政道预测有一种新的，能够产生过去和将来之间差异的粒子，称之为“时间子”。

李政道将他的研究兴趣集中到所有的物质是怎么组成的这个最基本的物理问题上。我们现有的所有物质都是由 12 种基本粒子构成，即 6 个夸克和 6 个轻子。它们又各分 2 族。每一族都是由具有相同电荷的 3 个粒子组成的。李政道的研究重点在探讨轻子内和夸克内的转换现象，而这种转换是由两个 3×3 矩阵描述。李政道将这两个矩阵称为粒子物理的奠基石。

第二节　资源分类及选择著录单位

一、资源分类

李政道捐赠的资源来自他数十年的积累与整理，内容涉及学习、科研、生活和社交等方方面面。从资源类型来看，以科学手稿为主要部分，其他占据比例比较高的类型还有图书、期刊等正式出版物，以及宣传单、小册子等非正式出版物。手稿作为一种资源类型，有丰富的细分类型，在国内外编目规则中有所说明。

在《中国文献编目规则》（第二版）第十四章“手稿”中，关于手稿的适用范围提到了“著录手稿（含书札、题词及 1911 年以后的稿本、日记等）”。

《英美编目条例（第2版）》（Anglo-American Cataloguing Rules, AACR2）第一部分第四章将手稿作为单独的一种文献类型给出著录规范，并在手稿著录的适用范围中明确约定，手稿资料包括著作手稿、论文手稿、书信和讲稿等，还包括法律文件（包含手填的打印表格）及上述类型的资料集合。

科技部科技基础性工作专项资金重大项目研究成果“我国数字图书馆标准规范建设”之“手稿元数据规范现状与发展趋势研究”将手稿界定为“人类在创作或研究过程中所产生的手书文字记录，手稿的体裁不限，可以是任何一种文学作品，也可以是论文，但不包括书画作品和其他艺术作品。广义上，人类在生活过程中所产生的一切有一定人文价值的手书文字记录，如信函、日记等都可纳入手稿的范畴”。

在美国档案工作者协会（Society of American Archivists, SAA）2005年出版的《档案与记录术语表》（A Glossary of Archival and Records Terminology）中，手稿作为文档（document）的下位类，文学手稿（literary manuscripts）的上位类，有3个定义，分别是①手写文档；②未发表文档；③提交出版的专著、论文或其他作品的草稿。打印文档通常也认为是手稿。

国外图书馆手稿收藏丰富，已建设了牛顿、达尔文和爱因斯坦等知名科学家手稿资料库，其资源分类可作为李政道捐赠资源分类的借鉴。

美国自然历史博物馆展出的达尔文科学研究手稿包括达尔文在英国皇家海军舰艇“贝尔格号”上的笔记、日记、重要著作《物种起源》的早期草稿，还有一些未发表过的试验性著作。

英国苏克塞斯大学“牛顿项目”收录牛顿已出版和此前从未发表过的所有作品，包括讨论科学问题的信函，以及关于机械、物理、数学的笔记和草稿等。

美国普林斯顿大学与以色列希伯来大学合作推出的“爱因斯坦档案在线”项目，提供的文献资料包括手稿、专业信件、出版和未发表的文章、笔记、研究记录、备忘录、旅行日记、个人文档等，也有爱因斯坦保存的其他来源文献。

综上所述，手稿是由作者在创作和研究过程中所产生的手书或打印文字记录，包括各种手写或打印文档（著作、论文）、书信、日记、演讲稿、题词等，还包括手工填写的法律文件及上述类型的资料集。本书将李政道捐赠资源中的手稿资源界定为科学家在日常生活中创作的原始文档，包括了手写件、打印件，内容大多与科学研究有关，具有科学研究方面的主题，是手稿的下位类，即细分类型。其常见资源形式包括专著手稿、论文手稿、科学笔记、日记和往来信函等。

完整地收集到一位杰出科学家长达数十年连续不断的手稿十分难得，李政道手稿资源包括演算公式、信函、论文著作手稿、研究笔记、备忘录、演讲稿和课件幻灯片等，李政道手稿资源具有鲜明的科学手稿特点：作者为知名学者、诺贝尔物理学奖获得者；手稿内容主要围绕着科研内容展开；涉及人物既有欧美相关领域科学家，也有中国科学家与青年学子；涉及机构包括大学系所及领域内的研究机构；从 20 世纪 50 年代延续至今，具有近 70 年的时间跨度。

目前对于手稿的分类并没有成熟的标准规范，如前所述，在不同的条例、规则中对手稿的类型各有不同界定。大体上可以分为论文手稿、著作手稿、信函、笔记、日记、演讲稿、题词、草稿等。在李政道捐赠资源建设与编目揭示过程中，上海交通大学图书馆充分尊重李政道本人对于这批资源的分类意见，结合资源本身类型特点，以及已有对手稿的分类实践，将其捐赠手稿资料划分为如下几类。其中无法归入专门类型的资料分入其他类目。

（1）计算手稿；

（2）讲义、幻灯、研讨会发言手稿；

（3）信函；

（4）论文手稿；

（5）著作手稿；

（6）会议资料；

（7）其他。

二、选择著录单位

手稿著录级别与著录单位的确定与手稿的类型有着极大的关系。对于手稿收藏单位，在了解资源集合的主题内容、资料形式、已有组织形式、保存状态等基础上，根据资源创建的背景、资源本身、创建者的信息及具体应用场景，决定资源著录的层次，在资源集合、子集合、卷宗和单件层次中做出符合需求的选择。

（1）资源集合层次：某一来源的手稿资料的聚合体。科研日记、账本等适宜在资源集合层次加以描述。

（2）子集合层次：资源集合的子单元，通常是一组具有类似功能、内容、类别或文献类型的文件，按字顺、时序、编号、主题或组合顺序排列组成。可以继续分为若干子集合。

（3）卷宗单元层次：卷宗是文件的集合，通常按时序排列，如创建时间、事件发生时间等。而关于项目、主题、组织和人物的文件可能按字顺排列。

（4）单件层次：资源集合中的单独手稿是单件层次。单件层次在卷宗层次下进行组织。通常来说，卷宗中的文件要么以时序要么以字顺排列，或者是一种混合。

资源检索效果取决于元数据所包含的信息，开展不同颗粒度层次的描述可提供各颗粒度层次的检索服务。李政道手稿资源采用资源集合、文件箱、文件夹、单件层次的四层结构对捐赠手稿资料进行揭示。对资源集合的描述包括资源集合题名、内容摘要等整体信息；文件箱及文件夹的著录可记录资源题名、数量、原始结构等；而单件层次的编目单位则有效揭示到最细的内容层次。

三、设计标识符

根据选定的著录单位，设计资源唯一标识符模型（UID），在清点资源数量（资源集合、子集合、卷宗和单件数）基础上，逐层按序进行编码。资源 UID 应能记录其原始排列顺序的信息，其作用体现在固定实体顺序和为数字化提供编码信息两方面。

（1）编码工作能固定每一层次在全部资料物理结构框架中的顺序和位置，确切统计出各层次资源的数量。

（2）在数字化扫描时，通过 UID 使数字化图像与实物逐一关联；在资源编目时，通过 UID 使数字化图像与编目记录逐一挂接。

李政道捐赠手稿资料原件以文件箱为单位，其中包含若干文件夹，遵循学术研究的思路来聚类，基本按照时间顺序进行存放，反映手稿产生的时间序列和研究过程。为保证资料整理、资源揭示和数字化加工的准确衔接，确保资料数字化后再次查找实物时能准确定位，整理编目时也严格按照原始顺序排列，分别从资料箱、文件夹、资料页码的编号入手，建立了一套唯一标识符体系，通过唯一标识符体系的设计与著录，照实记录李政道捐赠手稿资料的原始结构与组织层次。李政道捐赠资料整体为资源集合，以文件箱为其子集合，以文件夹为卷宗单元，以单份手稿资料为单件层次。

（1）资料箱编号。

李政道捐赠资料分别来自美国和中国先进科学技术中心（China Center of Advanced Science and Technology，CCAST）。为区分不同来源以及征集渠道的资料，方便后期资源加工和揭示工作的排序和顺利查找，资料箱编号首位用数字0—9分别代表资料来源。

（2）文件夹编号。

李政道保存资料非常严谨，文件夹基本按照时间顺序进行摆放，有时会遵循学术研究的思路来聚类，基本能反映手稿产生的时间序列和研究过程，因此文件夹必须遵照原有编号的顺序。箱中文件夹按照从左至右的顺序排列分别编号，文件夹编号为两位数，从00—99。

（3）资料页编码。

对每一页手稿资料进行连续编码，根据李政道捐赠手稿资料数量大、页数多的特点，资料编码设置4位数，从0000—9999，一个文件夹内的所有资料为一套连续编码。

（4）标识符。

在资料箱编号、文件夹编号和资料编码基础上，根据《国家图书馆数字资源唯一标识符规范和应用指南》和《CALIS数字对象唯一标识符命名规范》的标准，在资源整理的阶段为手稿资料制定唯一标识符规则：每一页需进行资源揭示的资料都具有唯一标识符，用定长10位的字符串表示。

第1位是字母，表示资料的类型。如前所述，李政道捐赠手稿资料具有多样的类型，包括信函、讲义、图书、论文、计算公式、备忘录、随手涂鸦等，根据其属性进行归并后资料类型规定如表6-1所示。将备忘录、涂鸦、交谈草稿等数量相对较少、难以归类的资源归入了其他。

表 6-1 李政道捐赠资料类型编码

资源类型	编码
计算公式	P
讲义、幻灯、研讨会发言	L
信函	C
论文	R
著作	B
会议	J
其他	T

第 2—4 位数字表示资料箱编号，如 110 表示 110 号资料箱；

第 5—6 位数字表示文件夹号，如 02 表示某箱中顺序从左至右排列第 2 的文件夹；

第 7—10 位数字表示资源的流水号。

如图 6-1 所示，按顺序给出文件箱号 110，以时间顺序上最早的文件夹为 1 号文件夹，以此类推，单份手稿也按顺序给出编号。根据这一 UID 方案，图 6-1 中 110 号箱第二个文件夹中的第一份论文手稿编号为 110020033。

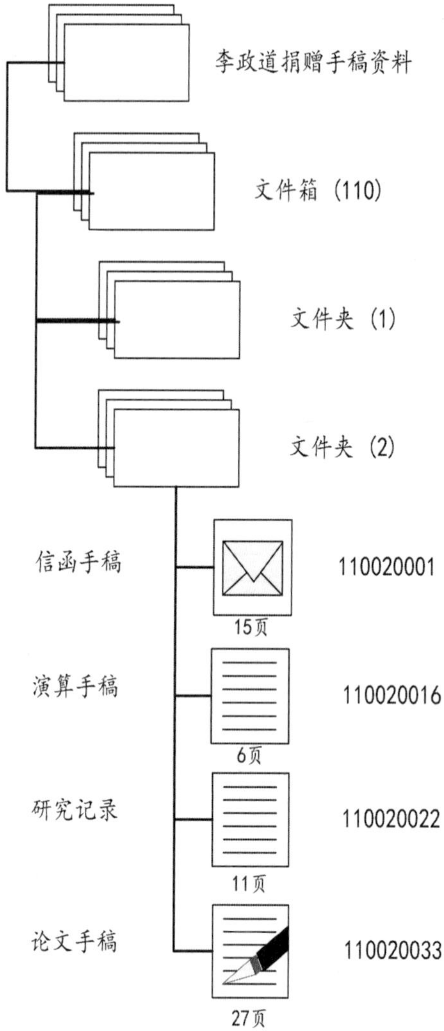

图 6-1　李政道捐赠资料组织结构

第三节 元数据规范设计思路

一、现状分析

经文献调研发现，对手稿的著录，不论是图书馆还是档案馆，一般都以 MARC 作为著录规范。如美国各档案馆在进行档案与手稿的自动化建档时，普遍采用 MARC 机读目录格式，遵循英美编目条例并参考档案编目规则，以保证建档工作的标准化和规范化。目前，国际上基于 MARC 的档案与手稿资料编目标准主要有：

（1）《英美编目条例（第 2 版）》第一部分第四章。

（2）MARC 21 书目数据格式（MARC 21 Format for Bibliographic Data）。

（3）史蒂文·L. 亨森（Steven L. Hensen）拟订的《档案、个人文件与手稿：档案馆、历史学会与手稿馆编目手册》（Archives, Personal Papers, and Manuscripts: a Cataloging Manual for Archival Repositories, Historical Societies, and Manuscript libraries, APPM），由美国国会图书馆于 1983 年出版，该规则于 1989 年由美国档案人员学会（SAA）出版第二版。

（4）《档案与手稿机读目录格式》（MARC Format for Archival and Manuscripts Control, MARC AMC），主要提供结构化格式。

（5）《档案著录国际标准》[ISAD（G）: General International Standard Archival Description]，国际档案学会于 1999 年出版第 2 版。

（6）《中国文献编目规则》（第二版，2005 年）第一部分著录法中的第十四章“手稿”。

总之，基于MARC的手稿著录因其主要采用结构化的格式，便于彼此交换记录，和其他图书馆馆藏的著录方式相同，因此获得了最广泛的应用。但手稿是一种比较特殊的资源，它是文献和档案的结合。中国文献编目规则中手稿的著录是基于MARC格式的，对手稿的著录比较简单，如捐赠信息基本不予揭示，也未能体现出不同手稿类型各自的特性，如书札中收信人不做著录。AACR 2有关手稿部分的编目规则只注重项目与馆藏的编目，而忽视档案或手稿资料在其本文内容之间的密切关系。从科学手稿的整理与知识组织的设计思路看，基于MARC格式和AACR 2的著录方式并不完全适用于档案与手稿，如果用基于MARC的著录方式对其进行描述，会牺牲手稿自身的很多特性，必定会有很多的妥协与折中，为了能满足手稿资源管理、保存、揭示、检索和利用等各方面需求，现在已经有一些专用于手稿的元数据方案：

（1）电子档案著录（Electronic Archival Description，EAD）。始于加州大学伯克利分校图书馆1993年主持的伯克利检索工具项目（Berkeley Find Aid Project，BFAP）。有同行认为，“EAD是网络环境下档案管理、图书馆、博物馆处理档案与手稿资料最常用的元数据。”

（2）上海图书馆名人手稿馆元数据方案。上海图书馆名人手稿数字图书馆的元数据方案是一种“混合”型元数据应用概要的形式，借鉴OAIS，FRBR以及DCMI的Abstract Model作为方法论，采用以DC-Lib为基础的“上海图书馆元数据方案”作为核心元数据，选取其中18个元素中的17个［不包括其中的“用户对象（Audience）”元素］作为核心集，从多种元数据标准、方案中“复用”元素，对所有元素的语义强调严格遵从。

（3）欧洲手稿与书信网络集成（Manuscripts and Letters via Integrated Networks in Europe MALVINE，MALVINE）项目元数据方案。

MALVINE 是一个检索欧洲中世纪后手稿的联合目录，支持多语种的检索，以柏林国家图书馆（Berlin State Library）为主，由欧洲图书馆、档案馆、博物馆联盟共同维护。该项目是一个手稿与书信的联合目录项目，为兼顾各机构的情况，采用的属性元素集合没有考虑与直接执行有关的元数据标准如 MARC、DC 等。

现有的手稿元数据方案也存在需要改进的地方，EAD 的方案专于档案（而不仅仅是手稿）元数据记录的编码，MALVINE 项目实际上是一个手稿与书信的联合目录，其元数据方案考虑更多的是如何纳入各机构现有的资源数据，采用的属性元素集合融入了很多技术实现方案的内容，也没有考虑与执行有关的元数据标准如 MARC、DC 等，通用性不够好。上海图书馆名人手稿馆以 DC 元数据为基础，为手稿的各种类型（创作手稿、书信、笔记、日记等）单独设定元数据方案，每一种类型的元数据方案都非常详尽，能充分揭示每一种手稿类型的特性，但在很多应用中并不需要揭示得如此详尽、细致。

二、确定设计原则

李政道手稿资源的形成，主要依靠李政道先生作为创作者在日常生活与科研活动中历年产生与积存，具有档案性质，应借鉴档案的组织原则。与此同时，手稿资源也是一种典型的文献资源，适用于图书馆的资源组织原则。从李政道手稿资源兼具档案资料和普通文献的双重性，其整理与组织的总体设计思路应考虑保留原始顺序，揭示隐含脉络，梳理科研关系。

（1）保留原始顺序。原始顺序即科学手稿创建、积累、组织和维护过程中产生的顺序。科学手稿作为创作者在社会生产活动中直接形成的原始记录，是最初的、第一手的材料，原始记录性是其本质特性。创作者对资料的分组、文件系统、子分组及其他物理结构应当保留下来，这其中蕴含着资料的语境与用途信息。保存资料原始顺序也是尊重创作者意愿的一种表现。

（2）揭示隐含脉络。李政道捐赠手稿资源中蕴含着时间发展、科学思想演进、机构变动等诸多脉络。以时间发展为例，科学家的科学思想是逐渐演变的，对手稿创作时间进行揭示与梳理，有助于还原科学发现与科学思想的成形过程。科学思想演变体现在对各版本资料的整理过程中，例如论文手稿中多次增补和删改的内容展现了手稿写作的思想脉络。

（3）梳理科研关系。科学家的人际往来及机构往来也反映在手稿中，特别是信函当中，对于研究科学家的生平、其个人的思想变迁、科研伙伴及人际关系，有重要参考意义。而在信函中保存发出信件的底稿，更为研究提供便利。

三、提炼资源属性

为了能更好地实现手稿资源的共享，我们需要在遵循现有标准的基础上，尽可能采用现有的元数据框架、体系和规范，制订出通用性较好又具备一定专指度的手稿元数据方案，同时兼顾手稿资源的规范控制和手稿元数据的编码规范。

借鉴已有的 DCMI-terms、上海图书馆名人手稿馆元数据方案、科技部“我国数字图书馆标准规范建设”、国家图书馆“中国数字图书馆标准与规范建设”项目、CALIS 三期机构知识库项目《元数据著录规范》等研究成果等专门元数据规范，结合擅长文献资源描述的 DC 与擅长档案资料描述的 DACS，针对科学手稿的资源特点及组织原则，围绕科学手稿的创建实体与描述对象，设计资源描述模型，将元素归纳为识别元素、内容元素、获取与使用元素、来源元素、相关资源元素、附注元素，见图 6-2。

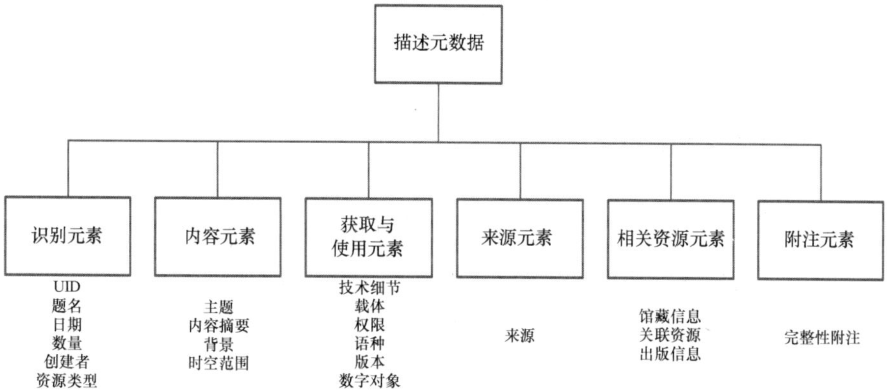

图 6-2　李政道科学手稿资源元数据组织模型

按照书目记录的功能需求（FRBR）理论，用户用以发现、识别、选择和获取的实体包括作品、概念、物体、时间、地点、个人、团体。对于科学手稿而言，它们是用户可能用来查找特定资源的检索入口，因此建议设置体现这些实体的检索点。

基于科学手稿资源元数据组织模型及四层揭示结构，如表 6-2 所示，为每一层设置相应的描述元数据，并且在整个描述元数据方案中不仅含有文献资料内容揭示的字段，还加入了体现手稿来源与背景的元素。

表 6-2　李政道捐赠手稿资料的四层揭示结构及其元数据

揭示层次	元数据
资源集合层次	题名、数量、馆藏信息、内容摘要、权限
文件箱层次	题名、UID、数量、日期、来源、馆藏信息、内容摘要、权限
文件夹层次	题名、UID、数量、日期、内容摘要、背景、权限
单件层次	题名、UID、资源类型、创建者、主题、日期、数字对象、技术细节、语种、关联资源、时空范围、权限、出版信息、版本、完整性附注

第四节　制定元数据规范

一、设计元数据元素集

元素集包括通用元素、专用元素两组共31个元素及其相应的元素修饰词，见表6-3和表6-4，除了必备与有则必备的数据项外，并不强制要求具备所有的元素及其元素修饰词。

表6-3　通用元素

通用元素	必备性	元素修饰词	必备性
记录标识符	M	文献引用	A
资源类型	M		
名称	M	交替名称	A
创建者	A	机构	A
主题	M	标签	A
描述	A	目录	A
		摘要	A
		背景	A
出版者	A	出版地	A
其他责任者	A	机构	A
日期	A	发布日期	A
		创建日期	A
格式	M	篇幅	M
		技术细节	A
		载体	A
		页码	A
对象标识符	M		
来源	A		
语种	M		

续表

通用元素	必备性	元素修饰词	必备性
关联	A	丛编	A
		包含	A
		包含于	A
		参照	A
		被参照	A
		其他版本	A
		原版本	A
时空范围	A	空间	A
		时间	A
权限	A		
版本	A		
馆藏信息	A		
源载体	A		

注：必备性：M 必备，A 有则必备，O 可选用。

表 6-4 专用元素

资 源 类 型	专 用 元 素	必 备 性
信　函	收信者	A
	发送邮戳日期	A
	接受邮戳日期	A
	信函完整性附注	A
	信封收信者	A
	信封寄信者	A
	寄信人地址栏	A
	寄信地邮编	A
	收信人地址栏	A
	收信地邮编	A
期刊论文/会议论文	接受日期	A
	修改日期	A

注：必备性：M 必备，A 有则必备，O 可选用。

（1）通用元素。指在各类型手稿资源的描述中通用的元素。李政道捐赠手稿描述元数据核心元素集复用了 DC 的 15 个元素，复用了 DC-lib 的版本、馆藏信息 2 个元素。

（2）专用元素。为信函和论文类资源设置专用元素，有专指性地描述资源特征，涵盖收信者、信封收寄信者、收信者和寄信者邮编地址等信息信函专有元素，以及接受日期、修改日期等论文专有元素。

二、建立应用指南

手稿资料和图书等正式出版物相比，图书的出版项目有版权页或在版编目（CIP）所提供的书目资料，很容易辨别作者、题名、出版者、出版地和出版年等相关的资料，而手稿编目所需的相关资料却十分缺乏，有些手稿并未提供明确的题名、年代等资料，有赖于手稿编目人员在编目时予以辨别、查证，因此应用指南的精确与翔实对资源揭示的准确与一致有重要意义。

应用指南规定了元数据规范中各元素的著录信息源以及元素内容、属性的具体设置、取值和特征，对著录文字与符号等进行规定与说明，制订了应用元数据过程中可能遇到的特殊事项的处理原则，同时提供了可供参考的典型示例。

（一）著录信息源

手稿资料的主要信息源是手稿本身，其选取次序依次为首页、尾署、文首、标题和手稿内容。如果不能从主要信息源获得信息，则从以下来源并按下列次序选取：其他手稿复本、参考来源、其他来源。

（二）著录用字符

按资源正文语种选择著录用文字。著录数学符号等特殊字符时，使用办公自动化软件输入图形及符号，无法按资源本身文字著录的图形及符号等，改用相应内容的其他形式著录，并用方括号［］括起。无法用其他形式替代的图形符号用□代替。

“箬”字在 WORD 软件中输入 41f9 后按住 alt+x 得到。

除必须用全角状态输入的字符外，基本上用半角状态录入数据。

（三）著录内容

在应用指南中给出著录内容的大体范围、取值标准与规范。例如，李政道在海外与国内都有大量的科研与社会活动，因此其捐赠手稿资料中包含的名称信息既有中文形式也有西文形式。为统一著录形式，在应用指南中规定对于外国人物与机构名称优先采纳美国国会图书馆名称规范文档（Library of Congress Name Authority，LCNA）中的规范形式，中国人名与机构优先采用中国国家图书馆与中国高等教育数字图书馆（CALIS）的规范形式。

第五节 构建多重关联关系

一、梳理关联关系类型

根据伯纳斯-李的关联数据四项原则，关联数据使用 URI 和 RDF 发布、共享、连接各类数据、信息和知识。关联数据依据 RDF 模型“资源-属性-属性值”的形式进行表达，使用 URI 来标识不同的对象，并将不同的URI连接起来，明确地表达对象间的关系。关联数据的出现，有效解决了异类、异构、分布数据的知识发现问题，将一个个知识水池打通并连接起来，形成沟通交互的知识流网，为上层数据服务提供丰富的资源。前几节梳理了李政道手稿资源揭示的组织模型、标识符方案与元数据规范，本节梳理了关联数据化的关联类型、关联构建、应用场景，为后续关联服务建立数据基础。

李政道捐赠手稿资源关联关系构建，主要包括资源集内部关联与资源集外部关联两个角度，如表6-5和表6-6所示。

表6-5　李政道手稿资料中的关联数据类型

类型编号	关联类型	具体表现
1	相等资源间的关联关系	与原始出处之间的关联信息
		与其他版本、格式之间的关联信息
2	相似资源间的关联关系	与相似资源间的关联信息
3	与外部资源之间的关联关系	RDF三元组层面的关联信息

表6-6　可用于关联的李政道手稿资料元数据元素

关联要素	来源	作用
版本	DCMI TERMS	描述第1类关联信息
参照	DCMI TERMS	描述第2类关联信息
名称、地名、主题、时间	DCMI TERMS，vcard，mods，cdwa，自定义	描述第3类关联信息

其中，相等资源间的关联关系和相似资源间的关联关系主要发生在资源集内部。与外部资源之间的关联关系主要体现在实体间的关系中。在李政道捐赠手稿资源中作为检索点的实体包括名称、地点、主题、日期，以满足用户对科学手稿编目数据的功能需求。为了规范著录内容，

更好地聚合资源，还使用了多种规范词表。

二、构建关系模型

图 6-3 展示了不同资源类型共有的通用实体，包括人/团体/机构的名称、主题、时间及地点 4 类实体。以通用实体为桥梁，将同一资源集合中不同类型的资源关联起来，这种关联关系亦可延伸到其他资源集合，形成更大范围内资源的关联。

规范准确地著录，元数据将能提高用户的检索速度与精度，也能改变资源关联的效果。对内容摘要、背景等描述性文字的著录要求是准确、精炼地从资源中抽取相应的信息。对主题词、资源类型、名称（包括人物名称、家族名称、团体机构名称）、地点信息等在有条件的情况下可编制词表。

（一）名称

这里指的是作为资源内容创建者、内容贡献者的实体，以及与李政道捐赠手稿资源有关的实体（如手稿内容主题为某个人物；又如信函谈论主题为某个机构等）。这里的实体包括个人、家族、团体机构。这些都是用户查找资源的重要途径，可能出现名称信息的描述元素包括创建者、题名、摘要、背景和权限等。

通过应用指南的规定，在编目工作中准确著录相关名称，为本资源集合内及与其他资源集合的互相关联与聚合做好准备。

（二）地点

与科学手稿创作及内容相关的地点信息也对用户发现、识别、选择和获取资源有意义。包含地点信息的描述元素有创建者、题名、内容摘要、背景、馆藏信息、出版信息、时空范围。

（三）主题

主题元素是手稿资料最重要的检索点之一。对于科学手稿（特别是推理验算、论文草稿）而言，常常针对非常专深的科学领域，只有进行了专业的科学主题词标引，才能被用户所查到和利用。主题检索点主要体现在主题元素中。

（四）时间

对于跨度超过几十年的科学手稿资料，准确著录各类时间信息，如创建、修改、发表时间，记录手稿的演变过程，将有助于筛选符合日期条件的资源，了解手稿创建者的科学研究进展。相关的信息体现在日期、题名、时空范围、背景元素中。

三、与外部数据集的关联

与知识组织工具的关联通过与各类简单知识组织系统（SKOS）的主题词表、叙词表、分类表关联，以及与网络百科构建关联，帮助用户获得某一主题、术语、关键词的知识点注释、信息扩展说明和更为丰富的知识关系链接。OCLC 将杜威十进分类法（Dewey Decimal Classification，DDC）23 版发布为关联数据，美国国会图书馆也以简单知识组织系统格式将国会标题表（LCSH）全部关联数据化，李政道手稿资料与 DDC、LCSH 等世界通用知识组织工具的关联将有助于从学科体系的角度组织和揭示资源的内容特征，以及从内容角度标引组织序化信息资源。

此外，通过各类规范文档的关联，能增加李政道捐赠手稿资料资源组织的准确程度，消除词汇的歧义。李政道捐赠手稿资料涉及诸多人物

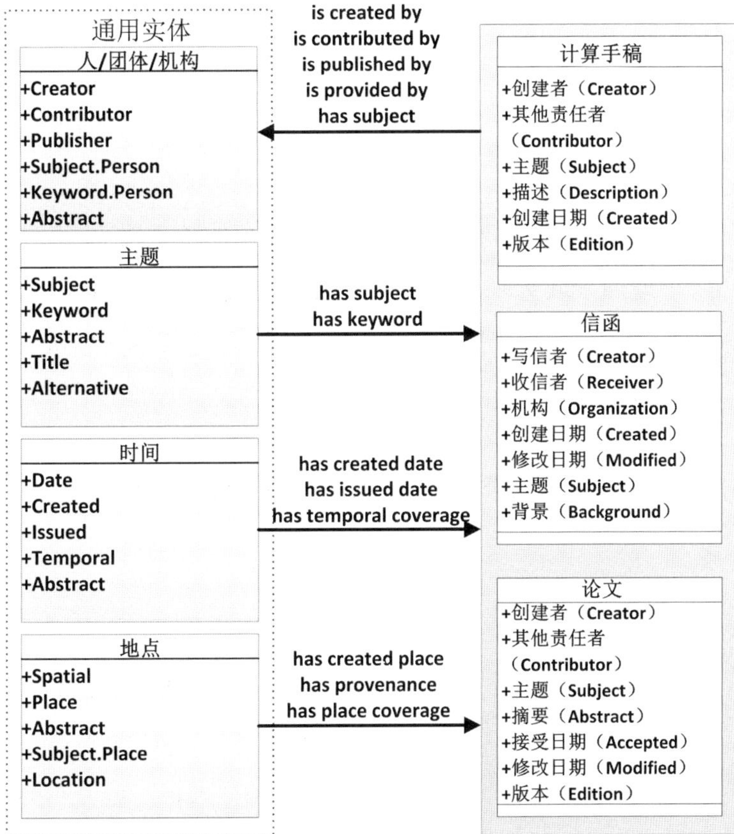

图 6-3 李政道手稿资源描述元数据关系模型示意图

信息，引入与美国国会图书馆名称规范文档（Name Authority Files，NAF）或 OCLC 的虚拟国际规范文档（Virtual International Authority File）的关联，以明确责任者的信息，减少同名造成的歧义。

（一）与书目数据集的关联

通过与外部书目数据关联，能达到扩展资源范围的目的。已有一些图书馆采用 RDF 和关联数据将书目数据发布为关联数据。例如，通过责任者信息，生成与国内外图书馆书目数据的链接，指引用户或机器使用这些开放的结构化书目数据，扩展用户的资源发现。

（二）与地理数据集的关联

通过与地理数据集的关联，实现从地理角度聚合资源。利用 GeoNames 等地理领域关联数据服务，发掘李政道手稿资料中涉及的人物的分布情况，并可进一步利用可视化工具，用地图形式展示李政道的学术关系与科研历程。

四、李政道手稿资料关联关系的应用场景

（一）检索结果扩展

基于关联数据的资源扩展是一种数据融合（data mashup）应用。假设在李政道手稿中有一份关于“科学与艺术”的论文手稿，可以得到基于其题名、责任者、关键词、期刊名称等元数据，以及与外部数据源的关联关系，扩展、集成本馆资源体系中没有的，更为丰富和动态的文献内容。例如，通过检索结果生成的 RDF 链接，可以获得关于该检索词的科学专著的图书信息、图书封面、图书评论；CiteSeer 中的参考引用信息；VIAF 虚拟名称规范文档中的责任者信息；BBC、纽约时报等新闻媒介发出的报道；Wikipedia 维基百科收录的专门术语信息等。

（二）多类型资源整合

多类型资源是指资源类型与体裁不同的资源，通过一次检索，将来自不同资源类型的信息对象，按知识点进行整合，然后返回给用户关于该检索词的所有相关信息的统一视图。

例如，用户在李政道手稿资料中检索“基本粒子”（elementary particles）可以获得图书、论文、讲义、信函等各类资源中基于同一检索词的各类相关信息；同时，利用该检索词在知识组织体系中的位置与关系，进一步扩展到 fermions，quarks，leptons，bosons 等具体粒子在资料库中的相关信息，从而提供给用户关于“基本粒子”的一个完整的信息视图，这样无论从哪个方面入手，都可以获得关于“基本粒子”的多样化的信息链接，这些链接构成了该检索词/关键词的信息环境，具有知识导航的作用。

（三）分面组织与检索

利用关联数据对检索结果进行分面组织，以事物的属性特征维度对信息集合按一定逻辑关系和结构进行划分，有助于在广泛的检索结果中选择符合用户需求的部分，改善了用户的感受，提高了资料的辨识度。

通过 RDF 检索，可以较为容易地得到李政道手稿资料的属性特征，属性特征由前述元数据规范所规定，不仅包括日期、资源类型、责任者等外在特征，也包括关键词等内容特征，都可作为分面的维度，借助了知识组织体系，可以获得关键词之间的知识关系，以此作为分面依据，能按知识的内容特征对信息资源进行组织。

（四）资源融合服务

资源的融合（Mashup）指利用增值的信息服务，构建新的服务内容。通过关联数据这种语义化技术的介入，能创造出具有新颖性的融合服务。

以李政道科研生涯中的某一个日期为例，利用手稿资料的关联数据，通过数据整合与相关分析，构建出与该日期有关的各类信息，如当时任职的单位、相关的信函等资料。

第七章 传记资源元数据规范

第一节 资源概况及需求分析

一、资源概况

传记，无论是作品的数量、范围，还是对读者的影响，都是文学和文化范畴中最重要的文类之一。传记研究在当代人文社会科学研究中占据着十分重要的位置，越来越多的学者开始对传记进行深入而全面的研究，从 2003 年传记研究首次出现在国家社科基金项目之中开始，已有近 10 个传记研究课题获得国家社科基金立项，其中还包括 2 项重大课题。现代传记学研究借鉴其他学科发展的成果，开辟了比较传记学等新的学术领域，关于传记的研究论著在成倍增长，其研究范围也在不断扩大。

通过对传记作品的分析，从微观的角度来研究特定历史阶段的人物、文化、历史与科技发展，是传记研究一种重要的研究途径。而其基础性工作之一，就是对传记资源的广泛收集、有效组织、揭示和描述，有了这项工作，传记研究者才能够快速有效、准确全面地发现研究所需要的信息，从而更科学、更高效地开展研究。在信息技术和网络资源飞速发展的今天，传记的研究论著数量的丰富和研究内容的扩展，都对传记资源的组织和揭示提出了新的要求。

二、资源特点

（一）文体类型丰富

现代传记的类型和风格十分丰富多样，从广义上来说，现代传记学研究的范围已经扩展到了生平写作（Life-writing）所能涵盖的各种形式的传记。从创作者角度来看，传记资源可分为自传和他传；从篇幅的长短来看，可分为长传和小传；从体裁来看，可分为书信、日记、游记、回忆录、访谈、人物报道、口述历史、序跋、随笔、速写和档案等，传记的各种实验形态和扩展形态，如图像传记、影视传记等也在不断地发展；从表现手法来看，可分为历史传记、文学传记；此外，还有列于家谱的家传，列于史乘的史传，以及别传、列传、外传、评传等。对于传记研究者来说，不同文体类型的传记作品能够在一定程度上反映出该作品的作者对其内容所持的态度和立场，甚至是其内容的真实性和可靠程度。比如，自传作品大多是传主对自身经历的主观叙述，他传则是他人根据所收集的材料撰写的关于传主活动的客观记录，或许，在一定程度上，还带有撰写者的主观判断、诠释。所以，传记资源的文体也是传记资源组织、揭示、查找和利用时一个比较常见的信息点。

（二）文献类型多样

随着互联网技术的发展，信息资源的载体类型、信息呈现形式和承载方式远超出了以往想象，越来越多的技术、理念融入信息资源的组织和管理工作中。而传记资源的类型也越来越丰富多样。从媒体类型来看，传记资源不仅包括图书、期刊论文、书信、手稿等文本型资源，还包括图像、音频、视频等多媒体类型的资源。

（1）文本资源：以文字为主要信息承载体，按文献类型可分为电子图书、期刊论文、手稿等，常见格式有 PDF，TXT，DOCX 等。

（2）图像资源：主要是以静态二维图形（可具有三维的体视效应）为信息承载体，并主要通过人的视觉来感知与接受的信息资源（不包含三维图像），包括图片、照片、幻灯片等；图片又可分成字画、广告画、宣传画等；也包括用图像软件制作、播放的 GIF 格式类型的动态图形等。图像资源常见的格式有 PDG、JPG、GIF 等。

（3）音频资源：用于存储载有声音的媒体，所记录的音频需用特定的回放设备（如手机音频应用软件、唱机、录音机、CD 播放器或 MP3 播放器等）播放。音频资源既包括用数字信号存储的音频资源，也包括用模拟信号存储的音频资源。常见的音频资源格式有 APE、MP3、WMA 等。

（4）视频资源：用于存储活动或静止图像的媒体，所记录的视频需用特定的回放设备（如手机视频应用软件、录像带播放机或 DVD 播放机等）播放。既包括用数字信号存储的视频资源，也包括用模拟信号存储的视频资源。视频资源常见的格式有 MP4、MKV、AVI、RMVB 等。

不同媒体类型的传记资源的组织和聚合，既存在一定的共性，又具有各自的特点。以元数据方案为例，内容描述、外形描述、知识产权声明等都是传记资源描述的基本内容。但是，由于媒体类型的不同，用户所关注的重点也会不尽相同，使得相应媒体类型资源的元数据方案在具体应用时也各有侧重。比如，对于一个文本型的资源，创建的日期和地点等，对于传记研究者来说，其用处主要在于辨识传记资源的版本，对于资源内容的研究和分析的作用并不大；而如果是一张传记照片，其拍摄的时间、地点、照片中的人物、所拍摄的活动或事由等，就可能是深度分析和扩展资源内容、挖掘资源隐含信息的关键因素。因此，传记资源的组织，既需要针对各类传记资源的共性，又需要兼顾到不同类型传记资源的特性，使各类传记资源之间能保持一定的互操作性、通用性和关联。

（三）兼具历史性和文学性

《辞海》（2009 年版）释义，“传记”，或单称“传”，记载人物事迹的作品。大体分为两类：“属史学范畴，即史传，崇尚严谨，征信；属文学范围，即传记文学，以史实为基础而有合理的虚构与想象。两类常有一定程度的交叉。”

从《辞海》对传记的定义中可以看出，传记立足于历史，但同文学有着必然联系，因为传记以人为中心，叙述传主生平，这是传记最基本的要求，对层次更高一些的传记来说，还要写出传主丰富的个性，真切地描述其形象，甚至写出其感情和心理世界，这样传记就同文学有了共同的目标，传记具有历史学和文学的双重特性，已经成为现代传记研究领域的普遍共识。因此，传记资源元数据的设计和组织，应该从资源本身的特点和传记研究的需要两个角度，考虑如何实现传记资源的多层次的知识组织，将资源的历史性和文学价值完整展现。

三、用户需求分析

传记研究对资源内容的关联性需求主要体现在基于人物、地点和时间（历史事件）等的资源相互关联和深度聚合，传记资源的内容、传主和地区可以看作其利用和研究的三大主线。与其他文献信息资源类似，名称、创建者、主题、日期、标识符和语种等信息是描述传记资源的重要元素。不过，从传记研究的角度来说，人物（如传主、传主亲友、资源的编著者等）、地理信息（如资源保存地、资源出版地或来源地、传主的国籍、传主的出生地、传主主要的游历地、传主的死亡地等）和历史事件是厘清传记资源知识关联的关键。

（1）人物的关联。传记或以文字、或以图片、或以多媒体为媒介，却始终以人物（被传者，或称为传主）为中心和核心元素之一。传记资源的组织，应该不但能够以这些基本信息为主线来揭示，反映传主生活的历史背景、传主同外部世界的关系、主要活动及原因和结果，而且能够展示各种传记人物之间的关联，揭示传记资源内在的共同联系和相互参照。比如，通过《鲁迅评传》这一传记资源的著作者与其传主信息，可以发现“曹聚仁”“鲁迅”和“蒋百里”等人物的关联关系，从而引导用户（研究者）挖掘出隐含于传记资源之中的关系，实现传记资源的深度聚合。

（2）地理信息、时间或事件的关联。在传记资源组织中，传主所涉及的国家或地区、时间或事件，可以帮助用户（研究者）发现传记资源间隐含的关联，对于资源收集、整理和研究都具有十分重要的意义和作用，比如：同一时期在同一个地点的人物、同一个历史事件所涉及的所有人物等。某些国家或地区关于清末民初中国人物传记资源相对丰富，就与当时在“西学东渐”的影响下，许多中国人前往海外游历和留学的这一历史背景息息相关。

因此，从用户需求来说，传记资源元数据的设计，不能仅限于以传记资源的基本信息为主线来揭示、识别资源，更重要的是能够通过人物、地点、时间（历史事件）等知识节点的关联，挖掘和发现不同资源的内在联系和相互参照关系。

第二节 元数据规范设计思路

一、现状分析

按照资源的载体类型来说，传记资源可以分为实体资源和数字资源两大类。目前，实体传记资源的组织和描述，一般沿用 MARC 等传统文献编目格式和标准，数字传记资源的组织和描述，则大都依据某一种或几种元数据规范标准来进行。而对于传记资源内部关系的揭示，则主要通过分类、主题等方法来实现。

以分类来说，传统分类法对传记资源或者先按照传主学科再按照传主国籍、身份来分类，或者先按照传主国籍、身份再按照传主学科来分类，从而使得同一内容、同一类型的传记资源得以聚类，实现用户从分类角度集中浏览和检索。比如，在《中国图书馆分类法》中，根据传主的国别或地区进行分类，对于同一国别或地区的传主，则依据其身份进一步按学科加以分类。而在《杜威十进分类法》（Dewey Decimal Classification，DDC）中，则主要是依据传主身份，将不同学科领域的传主的传记资料分别归类到各个学科分类中。但是，这些分类方法采用的是顺序、单纯、固定的一维组织方式，不利于传记资源的多维度的揭示和聚合，这与多元的、交互式的、动态的网络信息环境不相适应，也无法实现对传记资源的多重列类和多向关联。

传记资源的主题法知识组织，主要以学科主题词和被传人姓名作为重点标引内容。以传主的数量而言，传记一般分为以多人为论述对象的群传和以个人为研究对象的个人传记两种类型。群传的主题标引，大多优先考虑从群体属性对应的学科、地理信息、时间或事件等选取主题词，而个人传记的主题标引，则主要是以传主姓名作为主题标引的重点。

从图书馆领域已有的研究和应用来看，专门针对传记资源元数据的研究较少。究其原因，图书馆的信息资源组织主要是基于文献类型来开展研究的，传记作为一种文学体裁，集合了多种文献类型的资源，并不会被纳入专门元数据研究领域。随着传记学研究的深入，传记资料涉及的文献类型更加多样化，对于不同媒体类型的信息资源，用户具体的信息需求会有所不同，各种元数据方案在描述不同媒体资源的特征时也会各有侧重，这使得在对传记资源的元数据设计时，需要兼顾到不同媒体类型资源在内涵和外延上的不同，构建多元化又具有兼容性、互操作性的传记资源元数据体系。

二、明确设计目标

由于传记资源所涉及的内容范畴与文献类型的多样性，在构建传记资源元数据体系规范之前，应明确其设计目标。

设计传记资源元数据规范时，应充分考虑和实现以下功能。

（1）描述：对传记资源对象的内容、属性等的描述，是该元数据最基本的功能，为用户检索与利用传记资源奠定了基础。比如：DC 元素中，用于描述传记资源内容的元素有题名（Title）、主题（Subject）、描述（Description）、来源（Source）、语种（Language）、关联（Relation）和覆盖范围（Coverage）；用于描述传记资源外部属性的元素有日期（Date）、类型（Type）、格式（Format）和标识符（Identifier）等。

（2）定位：即有关于传记资源的位置方面的信息，例如 ISBN、DOI、URI 等的记录，由此知道传记资源的位置，有利于信息的发现和检索。相关 DC 元素有标识符（Identifier）。

（3）管理：对传记资源对象的权限管理（包括版权、所有权和使用权等）的解释和描述。相关 DC 元素有创建者（Creator）、出版者（Publisher）、其他责任者（Contributor）、权限（Rights）。

（4）检索与聚类：在描述过程中，将传记资源的重要信息抽出标引，并加以组织，建立资源对象间的关系，为用户多层次、多途径的检索体系，有利于用户从中发现其真正需要的信息，找到研究资料与线索。

（5）评估和选择：由于元数据的描述，使用户能够在不必浏览传记资料对象本身的情况下，对资源对象有基本了解和认识，可以对其价值进行评估，从而决定是否需要查看传记资源的具体内容。

（6）交互：包括了元数据标准的设计和方案实施人员与用户之间的交互，不断吸收用户的反馈意见，调整元数据标准和检索机制，建立规范文档等。

总而言之，传记资源的组织，不同于传统图书馆对图书、期刊等文献资源的线性的、一维化的资源组织，不仅要组织、描述、定位与管理传记资源，统一、规范地描述传记资源的内容和外观特征，实现传记资源的共建、共享，更要较好地兼顾传记资源收集、技术加工和管理需求，解决分布式网络环境下系统或资源间的互操作，实现传记资源的多维度、多脉络揭示，实现基于内容和知识关联的资源发现。如传记活动中存在多种主体，包括书写主体和文本主体，与这些主体信息和特征相关的内容；如出生地、职业、职别、种族等，都成为重要的知识组织内容。

因此，需要通过研制一个或若干描述元数据的规范和著录规则，建立具有开放性核心元素的规范化传记资源元数据框架，不仅要根据传记资源载体的不同，描述资源的特征，揭示资源的属性，以更好地为资源的检索和利用做好铺垫；更要从用户（研究者）科研需求出发，进行知识描述，把资源内容中的知识元素表示出来，实现资源的概念与概念之间、概念与实例之间、实例与实例之间等多个方面的知识关联。

（1）概念与概念（如资源、人物、地理信息、时间和事件等）之间的关系，如通过不同的传记资源的作者、传主（传记人物）、时间、地点和事件等发现多个人物间隐含的相关关系。

（2）概念与实例之间、实例与实例之间的关系，特别是同一资源在不同层级的关系，如同一资源（作品）的不同出处、不同版本、不同格式等实例之间的关系，系列资源与其中单种资源的从属关系，系列资源的各个单种资源之间的并列关系等。

三、确定设计原则

在设计传记元数据规范时，综合考虑和遵循以下原则。

（1）多角度揭示的原则。传记资源的整理和组织，是为了促进传记资源的更好利用，最大限度地满足传记使用者和研究者的需求。所以，传记资源元数据设计，应先从资源查找、识别、定位和研究等需求出发。一方面，记录和梳理传记资源在收集、组织与建设过程中产生的各项数据；另一方面，也要从不同角度对传记资源进行全面的揭示，以提供传记资源的多途径检索，为快捷、全面查找和充分利用传记资源提供坚实的信息基础。比如，通过传主的身份、职业、所游历的国家或地区信息，不但可以了解到该传主的个人主要成就或经历，可以依据这些信息整理出某一专门学科或领域的传记资源索引信息，还可以有助于收集和整理相应国家和地区的图书馆、档案馆等文博机构或个人所收藏的相关传记资源，从而进一步推进传记研究工作。

（2）开放和共享的原则。在数字网络环境下，开放和共享是所有资源的共同趋势。不论何种资源，都需要与其他信息资源系统之间实现互操作和信息整合，以避免形成资源孤岛。为保证传记资源描述元数据规范在功能、结构、格式、设计方法、扩展规则和语义语法规则等多方面的一致性和整体性，以在更大范围内实现不同资源系统之间的互操作和数据共享。设计传记资源元数据时，尽可能地采用了标准通用的元数据元素。如果已有元数据标准中，已经有相应的元素可以复用，就不再重建新的元素。这样，既可以避免繁重的新元素的重建工作，又可以降低互操作的难度。同时，为了保持语义上的一致性，对于复用了已有元数据标准中的元素，确保该条目在所声明的命名空间内具有唯一的定义，也就是说，才能对本机构特色资源中的个性化内容描述，进行元素或属性值的扩充。

（3）资源和知识关联的原则。实现各类信息资源的统一检索和利用，在传记资源的元数据框架中，还需要兼顾传记资源与其他各种资源之间的相互联系。这种联系除了包括不同版本的同一种资源、不同格式保存的同一内容的资源之间的相互联系以外，还要包括相关图书、文章（比如某一传主的相关学术研究成果或著作）以及其他机构保存的传记资源之间的链接等。

（4）实用性与经济性兼顾的原则。即兼顾数据的实用性和实施的经济性，元数据根据其应用领域需求的差异，设计时决定元数据标准的详细程度也有所不同。现实工作中，编制数据是有成本的，从经济角度考虑，元数据内容应能满足应用领域的功能需求，但不追求更多。传记资源组织的最终目的是提供实际使用，开发资源的内在价值，因此，设计传记资源元数据标准时，应考虑数据的实用性，有实际的使用价值，使编目人员与用户易于掌握，提高工作质量与检索效率；记录内容的揭示应该详略得当，过于细致不但会导致著录错误的增多，也会延长著录时间，引起经济成本的上涨；而一味追求著录的简单性会导致标引较为宽泛，降低了检索的精确度。

综上所述，在设计传记资源的元数据框架时，不仅要考虑到传记资源本身的内容和物理特征的描述需求，而且要将传记资源的内容要素和知识元素展示出来，实现传主信息和传记资源之间、相关传主之间，以及传记资源和相关其他资源之间的相互参照。同时，还要充分考虑数据的丰富性和著录效率之间的平衡。

四、构建关系模型

与其他文献信息资源类似，用来描述传记资源的主要元素包括名称、创建者、主题、日期、标识符和语种等。不过，传记资源也有一些关键的属性，是传记资源使用者和研究者关注得最多的知识点。比如：人物及其之间的相互关系、地域分布、时间脉络和主题事件等。从某种程度上来说，传记研究的首要工作就是从大量的传记资源中挖掘出这些关键的知识点，并且尝试基于这些知识点，在看似分散的传记资源和传记人物之间建立关联。所以，基于传记资源的关键知识点，构建实体及其关系模型，是传记资源元数据规范设计的基础。针对前文对传记资源特点和用户需求的分析，结合前文所述的特色资源实体关联关系分析，从传记资源元数据中提取责任项、内容摘要、主题中的人物（传主、传记资料中与传主同时出现的人物、传记作者、传记照片的拍摄者、传记新闻的报道者、采访者和口述者等）、地点（传主游历的国家或地区、传记资料所涉及的地点和传记照片的拍摄地点）、时间（传记资料所涉及的时代、传记照片的拍摄时间）和主题（传主的重要经历、传记照片的背景事件）四大知识点，析出并形成以下四个实体，这四个实体的关联关系见图 7-1。

（1）人物。传主的基本信息主要包括传主的姓名、性别、国籍、生卒年、身份、职业等。其中，传主的姓名包括常用名、原名、别名、笔名、译名等各种形式，如果传主是中国古代或近现代人物的话，则往

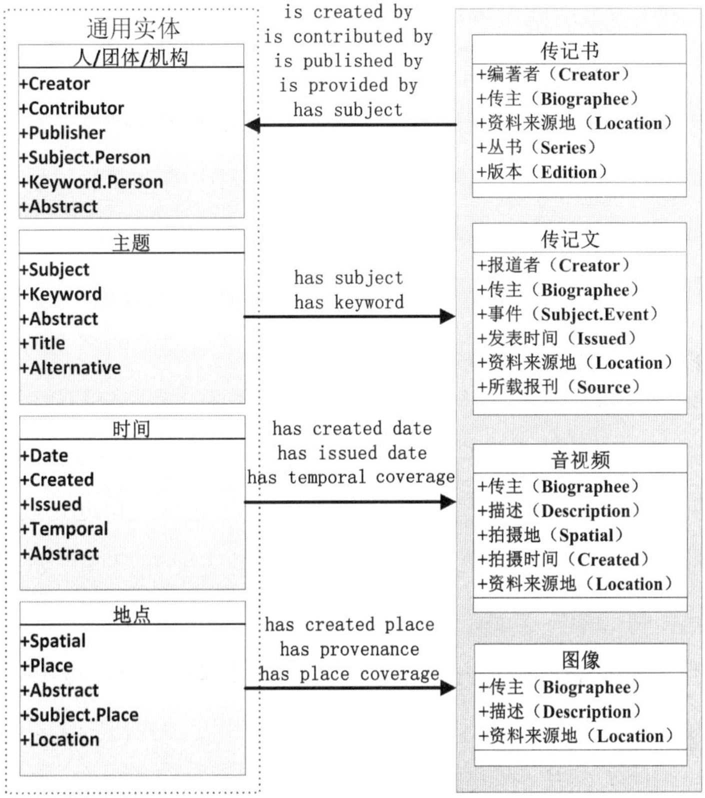

图 7-1　传记资源实体关系模型

往还有字、号，如果是宗教界人物，一般还有法号、道号等。此外，为了进行深入的研究，需要从传记资料中发掘出与传主相关的人物和事件、传主人生轨迹等。总之，传记资源的组织，需要不但能够以这些基本信息为主线来揭示，而且能够通过不同传主之间的关联，揭示不同传记资源内在的共同联系和相互参照。

（2）地点。在传记资源组织中，传主所涉及的国家或地区对于资源收集、整理和组织，具有十分重要的意义和作用。

（3）时间。时间是历史的坐标。在传记研究过程中，如果将传记资料中的各个时间点或时间段提炼出来，以时间为线索可以很清晰地梳理被传人物的生活经历和思想发展脉络，对于基于资源的数字人文研究十分有用。然而，对于通用文献资源的元数据规范而言，通常关注的是出版时间、可获取时间等资料本身的时间特征元素，对于资料中所涉及的人物或事件相关的时间特征往往关注不多，即使有所关注，也是将其作为一个时间概念，在主题中予以描述。因此，在设计传记资源元数据规范及其应用指南时，特别针对传记研究的数字人文应用需求，要注重对资源内容中的时间特征的描述和提取，提供基于内容时间特征的知识关联。

（4）主题。不论何种资源，主题都是其不可或缺的关键知识点之一。如果传记资源是侧重从某一学科专业或历史事件角度进行研究的，那么，学科专业或历史事件就是其主题标引的主要知识点。如果是关于某一民族、某一组织、某一类型人物等的传记资源，那么，民族、组织和人物类型等就是其主题内容。除了主题字段本身之外，某些传记资料的相关性也可以通过背景、摘要中的相关知识点的提炼得以彰显。比如，某些中国人物传记资源中都提到了传主的海外留学经历，其时间范围集中在清末民初，地点大多是英、美、法、德、俄、日等国，就与当时在“西学东渐”的影响下，许多中国人前往海外游历和留学的这一历史背景息息相关。

第三节　制定元数据规范

一、设计描述元数据元素集

经过对传记资源的分析，确定传记资源元数据规范的基本结构由 3 个部分组成：核心元素、资源类型核心元素和个别元素。为了保持与其他系统的互操作性和兼容性，能支持数据交换和检索，有助于实现数据共享，以 DC 的核心元素为基础，对于 DC 核心元素集中没有的元素，尽量复用已有元数据规范中的元素，少数元素自定义（表 7-1）。

表 7-1 传记资源描述元数据规范元素及元素修饰词列表

元素（必备性）	复用标准	元素修饰词（必备性）
题名（M）	dc：title	
		交替题名（A）
创建者（M）	dc：creator	
		责任方式（A）
主题（M）	dc：subject	
		传主（M）
		中国图书馆分类法（A）
		汉语主题词表（A）
描述（A）	dc：description	
		目录（A）
		摘要（A）
		背景（A）
		来源刊（A）
		卷次（A）
		期次（A）
		起止页码（A）
		源数据库（A）
出版者（A）	dc：publisher	
		出版地（A）
其他责任者（A）	dc：contributor	
		责任方式（A）
日期（M）	dc：date	
		发布日期（M）
		创建日期（A）
资源类型（M）	dc：type	

续表

元素（必备性）	复用标准	元素修饰词（必备性）
格式（M）	dc：format	
		篇幅（M）
		载体（A）
		技术细节（A）
标识符（M）	dc：identifier	
		文献引用（A）
		ISBN（A）
		出版号（A）
		DOI（A）
		URI（A）
语种（M）	dc：language	
		声道语种（A）
		字幕语种（A）
时空范围（A）	dc：coverage	
		空间（A）
		时间（A）
权限（A）	dc：rights	
		使用权限（A）
版本（A）		
资料来源地（M）		
丛书（A）		
		丛书标识符（A）
关联（O）	dc：relation	

必备性：M 必备，A 有则必备，O 可选用。

（一）核心元素

指在各类型传记资源的描述中通用的元素。传记资源描述元数据核心元素集复用了 DC 的 15 个元素，并根据资源特点新增了传主、资料来源两个元素，以揭示传记资源最为重要的属性——传主信息，以及明确资源的出处。在实际操作中，可以根据资源类型和用户需求，新增其他元素。

（二）资源类型核心元素

传记资源作为以传记为内容属性的资源，本身包含有各种资源类型，如图书、期刊、期刊论文和音视频等，这些资源类型大多在国内已有描述元数据规范中有着明确而详细的规定，例如科技部主持研发的“我国数字图书馆标准规范建设”系列、国家图书馆主持研发的“国家数字图书馆工程”系列，都是权威的研究成果，建议直接复用其元素或元素修饰词。

（三）个别元素

以某种特定的资源对象为基础制定，仅适用于这种对象，不用于交换。应用时仅要求该对象遵守其定义。作为资源类型的特性属性，在已有成果中也有定义和说明，建议直接复用已有成果的元素或元素修饰词。

在复用 DC 或元数据标准时遵守了以下原则：严格遵守元素语义定义，核心元素集中元素的语义不允许有交叉；核心元素并非必备元素，具体应用时应允许只复用其中一部分；允许复用“限制性 DC”中的修饰词（qualifier），同时必须说明并严格遵守其语义定义；允许在复用时根据资源情况重新命名元素和元素修饰词。

二、建立使用指南

（1）确定著录信息源。根据 ISBD（M）和 AACR 2 等规定的文献著录基本原则，结合资料收集和研究实际应用需求，传记资料的主要信息源是实物传记资料原件，著录时应兼顾数字化加工后产生的对应数字资源特性。以传记书籍为例，其选取次序依次为版权页、题名页、封面、书脊、序言、后记、出版说明和正文内容。如果不能从主要信息源获得信息，则从以下来源并按下列次序选取：其他复本、参考来源和其他来源。

（2）对著录用字符进行规定。在实际进行传记资源的著录时，需充分考虑信息的丰富性、专业知识点的完备性和著录效率之间的平衡。一般情况下，遵照著录信息源中可获取的内容，照录即可。按资源正文语种选择著录用文字。用 EXCEL 软件插入—文本—符号表单输入图形及符号，无法按资源本身文字著录的图形及符号等，改用相应内容的其他形式著录，并用方括号［］括起。无法用其他形式替代的图形符号用□代替。除必须用全角状态输入的字符外，基本上用半角状态录入数据。分隔用标点符号一律用半角。

（3）元素定义、注释和示例。解读每个元素的定义，说明其内容注释和著录时的注意事项，并给出不同情况下的著录格式和示例。比如：在多人列传主题标引时，制定著录规则对标引的人物数量做明确界定：所涉传主数量少于或等于 10 人，应全部著录；多于 10 人的群传式传记资料，除著录前 10 名传主姓名，需在“描述”等字段中予以说明。

第三部分
特色资源元数据规范和应用指南

第八章
地方历史文献元数据规范和应用指南

第一节 元素说明

一、名称

地方历史文献的题名。由编目人员概括该资源的基本内容并自行拟定题名。各类型资源的名称格式略有不同，为确保名称描述规范，可制定通用格式：日期（年号+年份）+事主+行为+文书类型。

示例：

光绪二年胡姚氏立卖田契
民國十九年方仕財立杜賣契
光绪十四年潘仲铭立投状
咸丰三年吴美杭立顶约
民國三十年方大蛟完稅

二、事主

原文中出现的所有重要关系人，包括交易双方、证明人、书写者，以及其他出现的人名。

格式：姓名（身份职称）。通常出现在文书开头、文书结尾，部分交易对象或权利接受者、受业人需从文中摘录。

示例：

> 胡姚氏（立卖契人）；姚顺珠（受入者）；胡朱氏（仝长媳，立卖契人）或仝长媳胡朱氏（第二立卖契人）；胡有宏（亲房，中人）；胡有锡（中人）；胡有铸（中人）；胡顺宏（代笔）
>
> 方大同（立预约遗嘱契）
>
> 淩金海（立賣契人）；淩金生（中人）；淩茂松（代書）
>
> 汪和悦（立頂契人，親筆）
>
> 根□（納税人）

三、第一事主

主要指文书所载交易行为的发起者，即立契人，如未载明发起者，则第一事主为文献起草者。

示例：

> 胡姚氏（立卖契人）
>
> 汪和悦（立頂契人，親筆）

四、第二事主

抽取事主中的受业人为第二事主，即交易行为的另一方或权利接受者、事件承受者。如没有受业人，则第二事主为空。

示例：

姚顺珠（承当人）

五、归户

地方历史文献产生来源的人或社会组织及其所属的行政区划、家族信息。

赋役类文书中出现的具体行政区划信息需要录入，都图（基层管理组织名称）不确定的，需注明“某乡某市某村”，最终需要明确地点和所属家族。在推税文书中会出现多个归户信息，以接收税责方的归户为准。

格式：省-府（州）-县（州/厅）-都（区）-图（保）-村落名-姓氏（商号/寺庙名）。

示例：

安徽省徽州府歙县二十三都三图汪氏 安徽省徽州府歙县二十二都四图赫氏

六、事由

地方历史文献记载的事件或各种行为，如诉讼行为、交易行为和完税行为等。此项须从文献中总结，尽量使用原文的表达方式。事由部分应详细体现双方的信息。事由可以与名称对应，以体现双方关系为重。

示例：

胡姚氏卖地于顺珠或胡姚氏卖、顺珠买地契 郝定時收到郝士林名下大米 郝士林完納稅 張秋壽出典田與張初慶

七、描述

对地方历史文献资源内容中地理信息的说明，著录于此。从文书中摘录。

用于描述契约文献的涉及对象的地理信息。从文书内容中可以获取，摘取在“土名/坐落”之后、四至之前的内容，原则上明确到村及村后一级信息，不需录入四至，遵循照录的原则。

示例：

廿一都石倉原庄 廿都横水口庄辛元住屋门口下塴下

八、地域

对照描述中已载地理信息，结合树状代码表，将描述中以文字表达的地理信息转为代码，即对照代码簿查询某一地域的代码信息，将其填入地域字段。代码簿需要在著录过程中不断完善。

地域的隐藏格式为“省-县-都-图-村”，每一级行政区划采用两位代码，省级采用字母，县以下采用数字，如果这一级没有信息，则录入 00。

示例：

AA02020008（表示浙江省松阳县廿都树梢庄）

九、年号日期

地方历史文献产生的时间日期，分年号日期、公历日期两个元素进行著录。

年号日期著录皇帝年号与年份，年份信息用中文小写数字著录。通常记录在文献结尾处，遇到没有具体年号的文献，其详细程度按原文的精确程度摘录。

遇到两张契连在一起，或一张红契附带契尾，将第二张契或契尾的时间一并列出，在日期、名称项里有所体现。在日期项中用；分隔两个日期，名称项在两张契之间用“并”字连接，在契和契尾之间用“附”字相连。

示例：

> 民國二年一月
>
> 光緒二十三年十一月
>
> 嘉慶二十五年十一月
>
> 名稱：乾隆四十二年十一月周應元立賣田契並乾隆四十三年二月契尾
>
> 日期：乾隆四十二年十一月；乾隆四十三年二月

十、公历日期

文献产生的公历日期。需根据文献上的年号日期信息，利用中西历法转换器，将朝代年转换为公历年，因无法精确到月，只转换年。公历日期遵循 W3C-DTF 的日期表示规则，即用 4 位阿拉伯数字代表年份。如乾隆十年十二月初十日为公历 1746 年 1 月 1 日，如不精确到日，可能将其归入 1745 年。

示例：

咸丰八年十月，用公历日期表示为：1858 年 民国四年，用公历日期表示为：1915 年

十一、标的

交易的对象，比如土地、房屋、物品、权利等。从原文中摘录，使用原文的表达方式。

十二、金额

地方历史文献中出现的金额，指因标的物产权转移所产生的金额。从文中摘录。

格式：交易类型+计价单位/币种+数值+单位。数值使用繁体中文的小写数字。

示例：

典價洋錢六元正 國幣十二元正

十三、页数

地方历史文献的有效数量及其单位，如页数、张数、册数和幅数等。

示例：

1 张 1 册（20 页）

十四、尺寸

地方历史文献的幅面大小。采用国际标准度量单位 cm，数字精确到小数点后一位。

格式：高度×宽度。

示例：

19. 8×22. 8 18. 0×24. 4 30. 8×38. 3

十五、材质

地方历史文献的材质。通常为纸质，其他包括纺织品类、其他实物类。

十六、附注

文献正文外的文字，一般为背面文字或原文旁零散文字。主要著录地方历史文献物理形态特征的其他重要信息，针对不同的类别有不同的侧重点，具有随机性，如契约类文书常出现赎期、红印、再批、契尾，账本等簿册类文献涉及有无夹页，其他包括利息、地租或其他文字等。

示例：

> 有夹页 1 页。
>
> 有红印四个，背面文字“外付洋四元”。

十七、资源类型

参考本书中表 5-1“上海交通大学地方历史文献分类体系表”，分为契约、账簿、赋役、诉讼、行政、家谱、信函、日用类书与工具书、家礼、宗教、戏剧、教育考试和医药 13 类，类型可细化到分类体系的三级。

十八、标识符

每件地方历史文献身份识别的唯一数字编号，可与扫描的数字对象的文件名相对应。

示例：

> 01100626030002

十九、档案号

每件地方历史文献身份识别的唯一数字编号，与扫描的数字对象的文件名相对应，见表 8-1。

表 8-1 地方文献编号标准 1

检索编号格式	来源码	收集日期编号	单户文书序号	扫描件编号
示例	00	000000	00	0000

来源码表示地方历史文献的收集来源，用序号 01（ZHU）、02（QUE）、03（XU）；收集日期编号包含年、月、日，年用两位数字；单户文书序号即同一时间批次到馆的文献每一包的序号；扫描件编号为整理时自然产生的流水号，单件文献每件一个编号，成册文献每册一个编号，见表 8-2。

表 8-2 地方文献编号标准 2

检索编号格式	来源码	收集年月+流水号	单户文书序号	扫描件编号
示例	00	000000	00	0000

当同一收集日期有多包文献，在收集年月后加流水号以示区别。

二十、语种

地方历史文献资源的语种信息，默认为中文。

第二节 著录样例

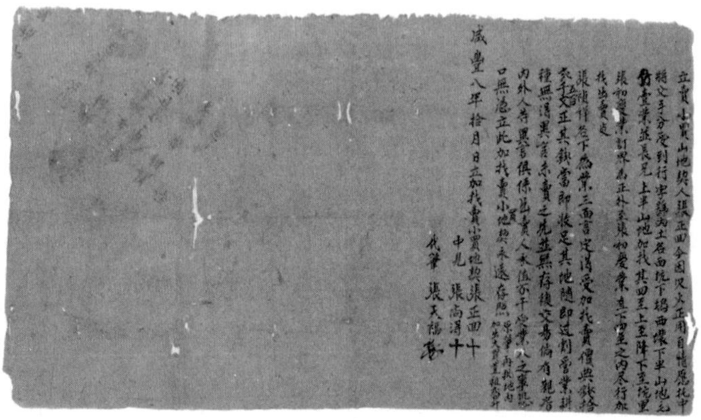

一、契约

正文：

立卖小买山地契人张正回今因欠少正用，自情愿托中将父手分受到行字号内土名西坑下坞西裴下半山地毛竹一业并长兄上半山地加找，其四至上至降下至坑里张初庆业订界为正，外至张初庆业直下四至之内尽行加找出卖与张祯祥名下为业，三面言定得受加找卖价典钱十二千五百文正，其钱当即收足其地随即过割管业耕种无得异言，未卖之先并无存复交易，倘有亲房内外人等异言，俱系出卖人承值，不干受业人之事，空口无凭，立此加找卖小买地契永远存照。

- 原笔再批地内加出大买豆租二升
- 咸丰八年十月日立加找卖小买地契张正回
- 中见张尚得
- 代笔张天福

著录参考：

- 名称：咸丰八年张正回立加找卖小买山地契
- 事主：张正回（立卖小买山地契人）、张祯祥（买人）、张尚得（中见）、张天福（代笔）
- 事由：张正回出卖小买山地与张祯祥并长兄加找
- 日期：咸丰八年十月（1858）
- http：//thdl. ntu. edu. tw/datemap/index. php
- 归户：安徽省徽州府
- 附注：再批地内加出大买豆租二升
- 标的：山地
- 标的信息［描述］：父手分受到行字号内土名西坑下坞西裴下半山地毛竹一业并长兄上半山地
- 金额：加找卖价典钱十二千五百文正
- 页数：
- 尺寸：
- 材质：纸质
- 标识符：01120501100011
- 资源类型：A12
- 语种：中文

二、分家书

著录参考：

- 名称：民国二十三年项高美立议嘱阄书声富一阄
- 事主：项高美（立议嘱阄书人）、项声富（立阄书人、长房）、项石良（二房）、项石荣（三房）、项石川（堂叔、中人）、毕声州

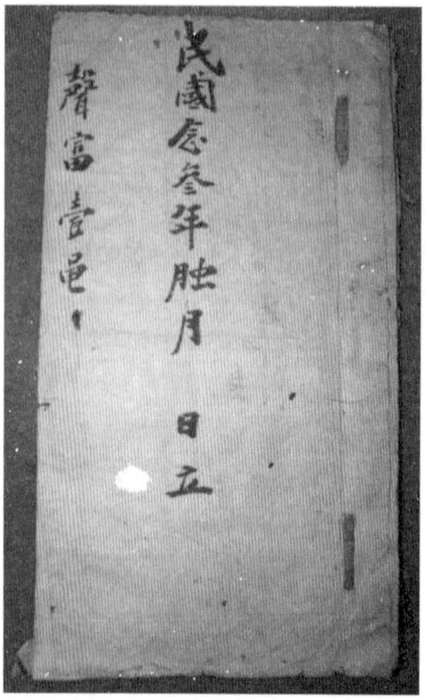

封面

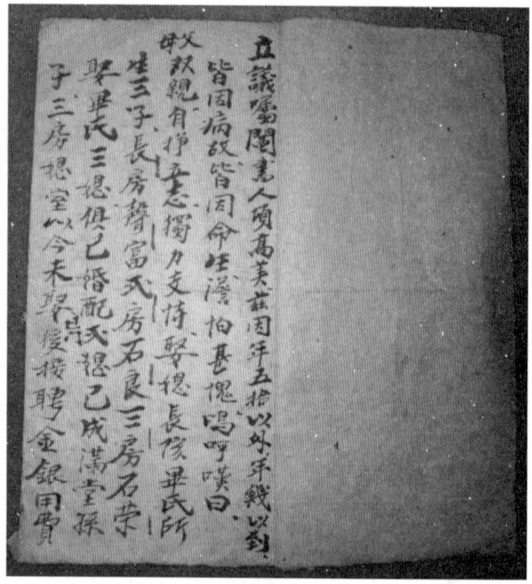

正文

（舅父、中人）、毕声来（舅父、中人）、毕声锦

- 事由：项高美立议嘱阄书
- 归户：
- 日期：民国二十三年腊月（十二月）（1934）
- 附注：有财产清单
- 标的：
- 标的信息/描述：［可空］
- 金额：
- 页数：
- 尺寸：
- 材质：纸质
- 资源类型：A51
- 语种：

三、账簿

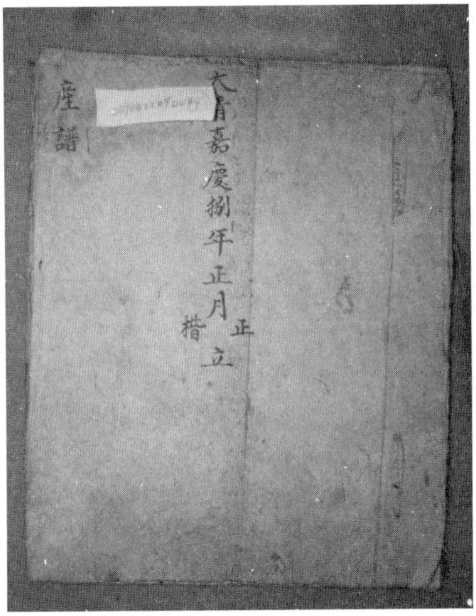

封面

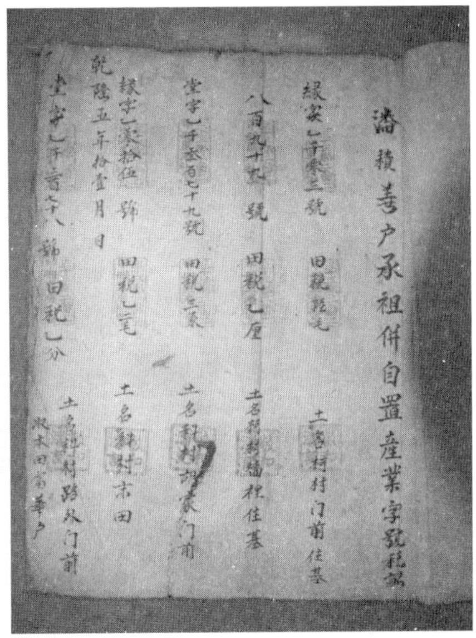

正文

著录参考：

- 名称：嘉庆八年潘积善户置产簿［时间+户主+文书类型］
- 事主：潘积善（户主）
- 事由：［可空］
- 归户：
- 日期：嘉庆八年正月（1803）
- 描述：潘积善户承祖并自置产业字号税亩
- 附注：
- 页数：
- 材质：
- 尺寸：

- 标识符：
- 资源类型：B3
- 语种：中文

四、赋役

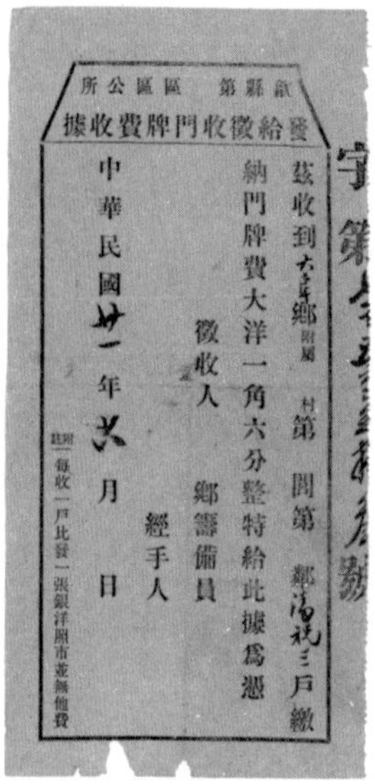

歙縣第 區區公所
發給徵收門牌費收據
茲收到大阜鄉附屬 村第 閭第 鄰潘祝三戶繳
納門牌費大洋一角六分整特給此據爲憑
徵收人 鄉籌備員 經手人
中華民國 年 月 日
附註 每收一戶只發一張銀洋照市並無他費

赋役 1

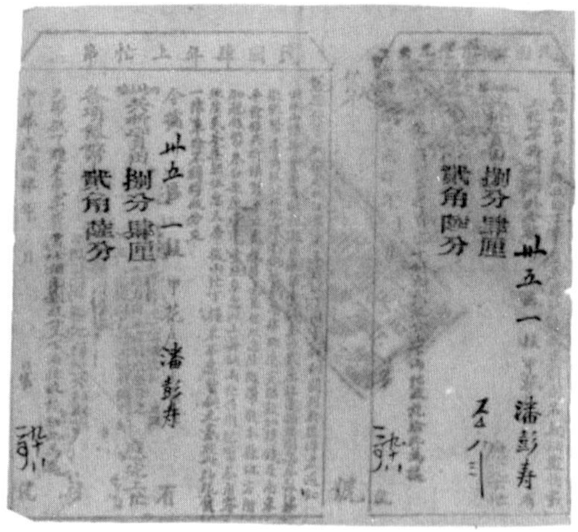

赋役 2

赋役 1 著录参考：

- 名称：（时间+事主+事由+文书类型）民国二十三年潘祝三缴纳门牌费收据
- 事主：（业主、收费人、经手人）潘祝三（业主）
- 事由：内容，潘祝三缴纳门牌费
- 归户：一般在卡片上能找到，如文书上有具体的行政地点也要记录。如“歙县三十五都一图潘氏”“大阜乡”“安徽省徽州府歙县三十五都一图大阜乡潘氏”。

- 描述：税额、产业规模、种类、数量、面积等门牌费大洋一角六分
- 日期：原文书记载有年月就著录到月，按照原文书，公历年原则上记录到民国二十一年六月（1932）
- 附注：
- 标识符：01100626030001
- 资源类型：C9
- 尺寸：
- 材质：纸质
- 页数：1

赋役 2 著录参考

- 名称：民国四年潘彭寿完上下忙串票
- 事主：潘彭寿（花户、业主）
- 事由：潘彭寿完上下忙串票
- 归户：安徽省徽州府歙县三十五区一段
- 描述：实田八分四厘，银币二角六分
- 日期：民国四年
- 附注：有红印四个，背面文字“外付洋四元，内共三□”
- 页数：1
- 尺寸：
- 材质：纸质
- 资源类型：C1
- 标识符：01100626030002
- 语种：中文

五、诉讼

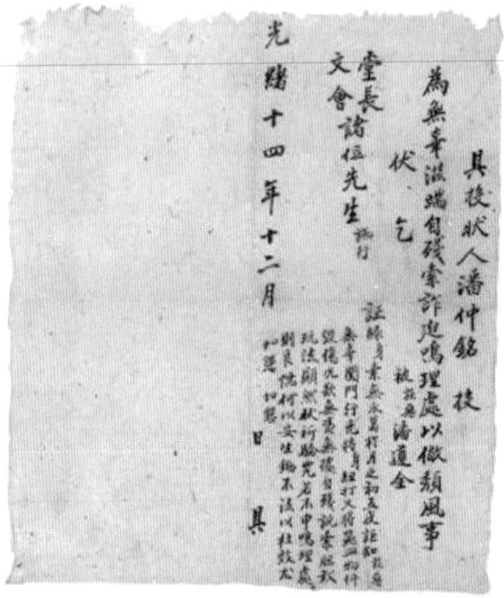

具投状人潘仲銘 投
為無辜滋端自殘牽詐匙鳴理處以儆頹風事
伏乞
被告 潘遵全
堂長
文會諸位先生
光緒十四年十二月 日 具

著录参考：

- 名称：民国十四年潘仲铭立投状
- 事主：潘仲铭（原告、立投状人）、潘遵全（被告、族恶）
- 事由：月之初五夜，族恶无辜闯门行凶，将身扭打，又将器皿物件毁伤【证词的第一句】【某某状告某某】
- 归户：
- 日期：
- 附注：
- 页数：
- 尺寸：
- 材质：
- 资源类型：
- 标识符：01100626030003

- 语种：

六、家谱

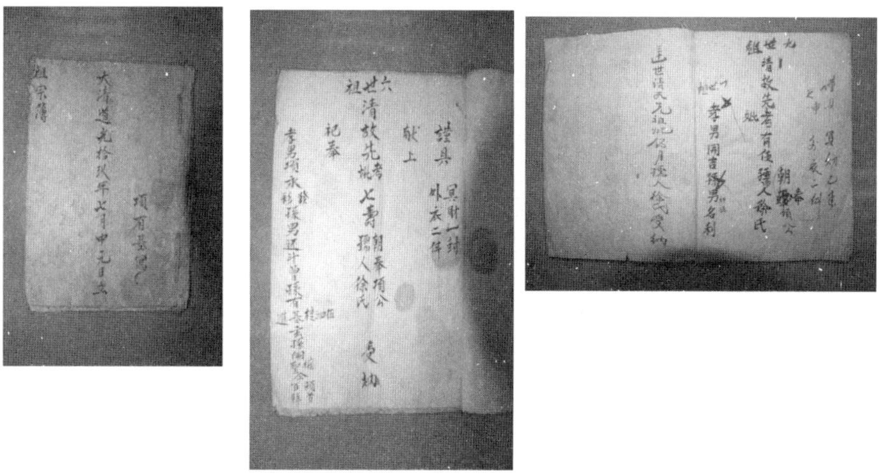

家谱

著录参考：

- 名称：道光十九年项有基立祖宗簿
- 事主：项有基（立祖宗簿人）【如无记录者，可摘取第一页第一个人名，如“六世祖项公”】
- 归户：
- 日期：道光十九年七月中元日（十五日）
- 附注：有夹页
- 页数：
- 材质：
- 尺寸：
- 资源类型：

- 标识符：01110822050008
- 语种：中文

七、日用类书与工具书

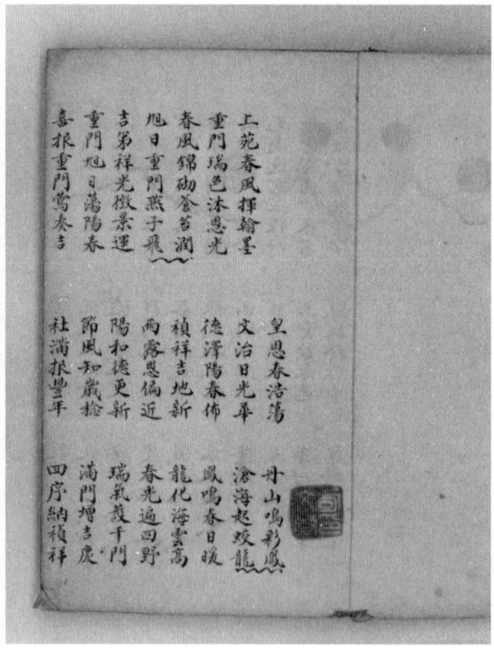
上苑春風揮翰墨
重門瑞色沐恩光
春風錦砌蒼苔潤
旭日重門燕子飛
吉第祥光微景運
重門旭日蕩陽春
喜報重門鶯奏吉
皇恩春浩蕩
文治日光華
德澤陽春佈
禎祥吉地新
雨露恩偏近
陽和德更新
節風知歲稔
社滿报豐年
丹山鳴彩鳳
滄海起蛟龍
鳳鳴春日暖
龍化海雲高
春光遍四野
瑞氣護千門
滿門增吉慶
四序納禎祥

著录参考：

- 名称：对联
- 描述：含家居、构造、隐逸、婚姻、书室等对联
- 附注：清抄本
- 归户：
- 页数：
- 资源类型：H3
- 尺寸：

- 材质：纸质
- 标识符：01111206030056
- 语种：中文

第九章 李政道科学手稿元数据规范和应用指南

第一节 元素说明

一、记录标识符

指每条记录的唯一标识符，取第一页图像对象的标识符。

对期刊来说，通常包括期刊题名、ISSN 号、年、卷、期、页等信息。

对会议论文而言，常包括会议母体文献题名、母体文献标识符、年、卷、期、页、会议名称、时间、地点、届次等信息。

报纸中析出文献：报纸名，#年-月-日#（版次）。

文献的 doi 著录于此。

示例：Physical review, Vol. 61, No. 4. (Oct. , 1997), pp. 735-760（论文文献引用信息）。

示例：Columbia Daily Spectator, 1972-11-30（1, 3)（报纸中析出文献）。

二、资源类型

资源类型设为手稿、讲义、信函、论文、图片、图书、期刊、报纸、问题集、其他等。所有的资源类型录入要求一致。如信件的规范资源类型就为“信函”，不能为书信、信件等。涉及多个资源类型，用“，#”（逗号空格）分隔。

三、名称

资源名称通常按照资料主要信息源著录。如果手稿、信函的主要信息源缺少名称，编目员需自拟题名，并置于方括号内。没有名称的英文手稿著录为［manuscripts］，中文手稿著录为［手稿］。需注意拼写和格式规范，英文题名首字母和专有名词大写，其他单词首字母小写。

示例：名称录入为 Branching ratio for alternative medes of decay of hyperons and e^5 mesons

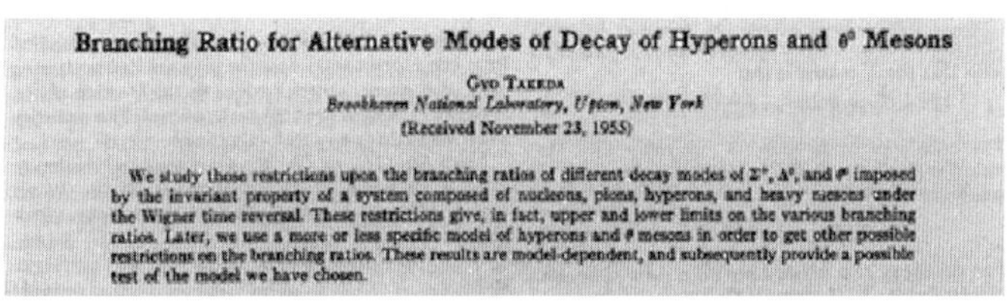

Branching Ratio for Alternative Modes of Decay of Hyperons and θ^0 Mesons

GYO TAKEDA

Brookhaven National Laboratory, Upton, New York

(Received November 23, 1955)

We study those restrictions upon the branching ratios of different decay modes of Σ^+, Λ^0, and θ^0 imposed by the invariant property of a system composed of nucleons, pions, hyperons, and heavy mesons under the Wigner time reversal. These restrictions give, in fact, upper and lower limits on the various branching ratios. Later, we use a more or less specific model of hyperons and θ mesons in order to get other possible restrictions on the branching ratios. These results are model-dependent, and subsequently provide a possible test of the model we have chosen.

名称示例

日记、日志等，以［Diary］为题名。

信函、明信片等，补充一个由信函名称（如 Letter、Postcard）、写信日期（以 YYYY-MM-DD 形式表示）、写信人名称、收信人名称、写信事由共同构成的名称。取自信函、明信片本身之外的信息置于方括号内。

信函名称录入格式为（英文）［Letter］#YYYY-MM-DD，#sender to receiver#；（中文）［信函］#YYYY-MM-DD，#寄信人致收信人#。

注：名称中的中文或外文人名按资料本身照录，不采用规范形式，在创建者、收信者字段用规范形式形成检索点。

对于日文等不识别的语种资源，建议给出统一的名称，如［日语资料］，便于以后统一检索出来后重新录入。

四、创建者

创建者为著录资源主要责任者。

以汉字表示的中国人和日本人姓名，采用直序形式录入。以英语字符表示的外国责任者姓名，包括以罗马字表示的日本人姓名，表达方式为姓在前、名在后（匈牙利除外），用“，#”（逗号空格）分隔。英语责任者名称根据美国国会图书馆责任者名称规范著录，中文责任者名称根据 CALIS 责任者名称规范著录。

示例：李政道的英文名称规范形式为 Lee，T. D.，1926- 。

示例：信函创建者应著录为 Tanaka，Katsumi。

有两个及以上责任者时用“；#”（分号空格）隔开。

示例：Lee，T. D.，1926-；Yang，C. N.，1922- 。

指责任者所在机构信息。论文责任者所在机构通常用层级形式表示：机构名称、一级下属单位名称、二级下属单位名称。

有两个机构及以上时，用“；#”（分号空格）隔开。

示例：责任者机构著录为 University of California，Department of Physics。

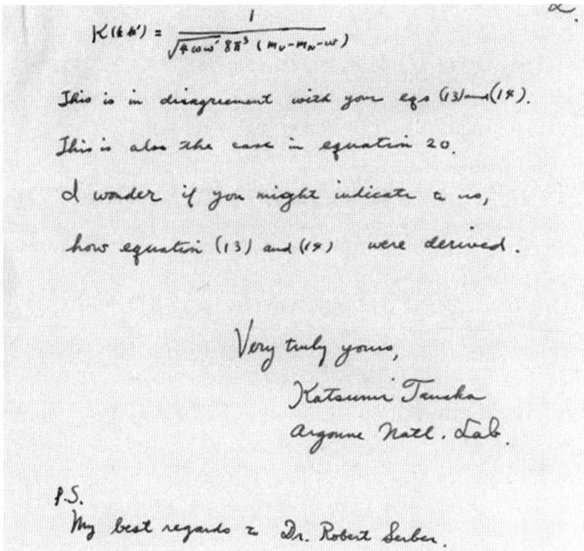

$$K(kk') = \frac{1}{\sqrt{4\omega\omega' 8\pi^3}\,(m_\nu - m_N - \omega)}$$

This is in disagreement with your eqs (13) and (14).

This is also the case in equation 20.

I wonder if you might indicate to us,

how equation (13) and (14) were derived.

Very truly yours,

Katsumi Tanaka

Argonne Natl. Lab.

P.S.

My best regards to Dr. Robert Serber.

以罗马字表示的日本人姓名著录示例

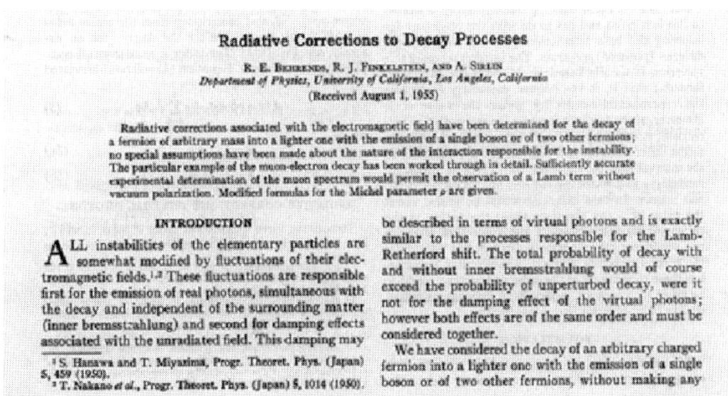

Radiative Corrections to Decay Processes

R. E. Behrends, R. J. Finkelstein, and A. Sirlin

Department of Physics, University of California, Los Angeles, California

(Received August 1, 1955)

Radiative corrections associated with the electromagnetic field have been determined for the decay of a fermion of arbitrary mass into a lighter one with the emission of a single boson or of two other fermions; no special assumptions have been made about the nature of the interaction responsible for the instability. The particular example of the muon-electron decay has been worked through in detail. Sufficiently accurate experimental determination of the muon spectrum would permit the observation of a Lamb term without vacuum polarization. Modified formulas for the Michel parameter ρ are given.

INTRODUCTION

ALL instabilities of the elementary particles are somewhat modified by fluctuations of their electromagnetic fields.[1,2] These fluctuations are responsible first for the emission of real photons, simultaneous with the decay and independent of the surrounding matter (inner bremsstrahlung) and second for damping effects associated with the unradiated field. This damping may be described in terms of virtual photons and is exactly similar to the processes responsible for the Lamb-Retherford shift. The total probability of decay with and without inner bremsstrahlung would of course exceed the probability of unperturbed decay, were it not for the damping effect of the virtual photons; however both effects are of the same order and must be considered together.

We have considered the decay of an arbitrary charged fermion into a lighter one with the emission of a single boson or of two other fermions, without making any

[1] S. Hanawa and T. Miyazima, Progr. Theoret. Phys. (Japan) 5, 459 (1950).

[2] T. Nakano et al., Progr. Theoret. Phys. (Japan) 5, 1014 (1950).

机构录入示例

五、主题

在编资源所涉及的主题信息。可以取自主题词表，也可选取自由关键词。

六、描述

凡不能在其他专门的元素或元素修饰词中反映的有关资源内容的说明。重印本信息录入于此。

示例：Reprinted from Physical Review. pp. 405-426, Vol. 37, No. 4, February 15, 1931（论文重印信息）

示例：Work supported in part by the U. S. Atomic Energy Commission and the New Yorker ; Alfred P. Sloan Foundation Fellow（基金资助信息）

（一）目录

当手稿或论文中出现有意义的小标题时，将其编辑成目录形式。同一责任者的内容用“; #” （分号空格）分隔；目次号与目次内容用“, #”（逗号空格）分隔；最后用“.”（句号）结束。

示例：Chapter I, Equilibrium properties of a gas; Chapter II, Transport phenomena; Chapter III, Foundations of statistical mechanics; Chapter IV, Perfect gases.

注：标题名称首词首字母大写，除专有名词外其他首字母小写。

（二）背景

著录在编资源的原始背景、来龙去脉。

七、出版者

一般而言，此处录入出版者的名称。

注：论文的期刊信息，著录于“文献引用”，不著录于此。

八、其他责任者

著录除去主要责任者、对在编资源内容做出贡献的实体。包括个人和机构、团体。

九、日期

日期著录遵循 W3C-DTF 格式。日期段用/分隔。
示例：仅有年的情况 YYYY（1997）
有年与月的情况 YYYY-MM（1997-07）
完整日期 YYYY-MM-DD（1997-07-16）
日期段 1951-07/1951-08
资源正规出版或发布的日期。遵循 W3C-DTF 格式。
论文：通常在期刊的封面、封底或版权页标明的出版时间。

十、格式

记录资源的文件格式、物理媒体或尺寸规格。

（一）篇幅

编目时一条记录所包含的图像对象数。
示例：一篇论文有 5 个图像对象，篇幅为 5。

（二）载体

资料的格式统一为 JPEG 格式。

（三）页码

记录印刷出版物本身的数量，如图书、小册子的页码或卷（册）数，图像的张数或幅数。

十一、对象标识符

一条记录通常涉及多个数字对象。著录数字对象的完整标识符段。

示例：001010009-0010

示例：176010170-0179

十二、来源

记录与当前编目对象来源有关的资源。比如：收录论文的期刊名称。

十三、语种

记录资源本身的语种，遵守 ISO639-2 标准，使用 3 位字符的语种代码。

示例：eng（英语）

示例：chi（汉语）

示例：jpn（日语）

示例：fre（法语）

示例：rus（俄语）

十四、关联

与编目对象存在某种关系的相关资源。可以根据需要使用丛编、包含、包含于、参照、被参照、其他版本和原版本等修饰词，对在编资源的关联关系做进一步细化的说明。

（一）参照/被参照

用于相关资源之间的参照关系。信函与其附件之间的关系为参照/被参照关系。信函的参照项为其附件，而附件的被参照项为信函。

示例： [Letter] 1978-10-09, Herman Winick to T. D. Lee and C. S. Wu（C176010024）参照 [Letter] 1978-09-26, Pao Chung-mou, Ho Tuo-hwei to A. Bienenstock and H. Winick（C176010025）

[Letter] 1978-09-26, Pao Chung-mou, Ho Tuo-hwei to A. Bienenstock and H. Winick（C176010025）被参照 [Letter] 1978-10-09, Herman Winick to T. D. Lee and C. S. Wu（C176010024）

（二）包含/包含于

期刊包含李政道先生两篇及以上的相关文章时，先做一条期刊的总记录，再对相关论文做单独记录，用“包含于”与“包含”连接总记录与分记录。通过资源上的某些信息判断其与其他资源的关系。

资料所属期刊或会议信息著录于“文献引用”，所属文件夹信息著录于“文件夹”元素，李政道先生创建、参加项目的名称著录于“主题”元素。

（三）其他版本

同种资源的不同版本编制不同的记录，在关联字段里著录其他版本的记录标识符。

用于内容一致的手稿或复印稿之间的参照关系；同一篇论文的不同

版本（初稿、修改稿、定稿等）也需单独做一条记录，并在其他版本中标注另一版本的记录标识符。

示例：代拟稿的手改稿应与其他版本代拟稿通过“其他版本”字段建立关联。

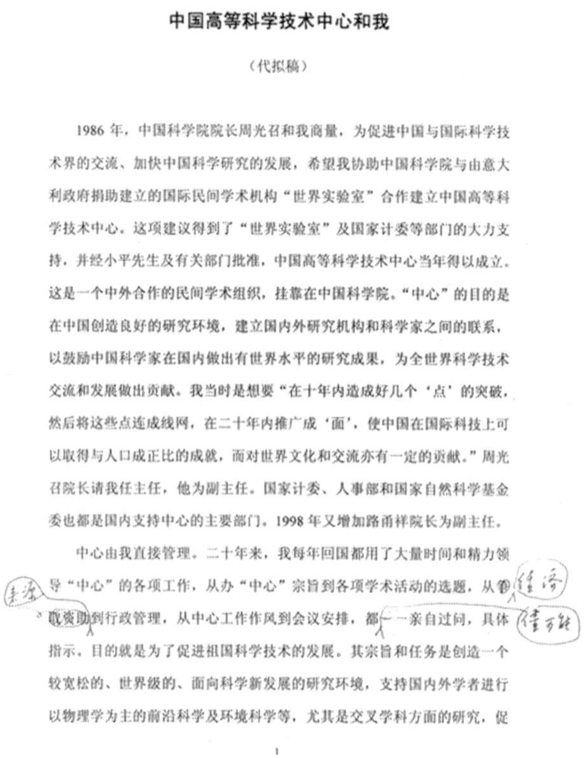

中国高等科学技术中心和我

（代拟稿）

1986 年，中国科学院院长周光召和我商量，为促进中国与国际科学技术界的交流、加快中国科学研究的发展，希望我协助中国科学院与由意大利政府捐助建立的国际民间学术机构“世界实验室”合作建立中国高等科学技术中心。这项建议得到了“世界实验室”及国家计委等部门的大力支持，并经小平先生及有关部门批准，中国高等科学技术中心当年得以成立。这是一个中外合作的民间学术组织，挂靠在中国科学院。“中心”的目的是在中国创造良好的研究环境，建立国内外研究机构和科学家之间的联系，以鼓励中国科学家在国内做出有世界水平的研究成果，为全世界科学技术交流和发展做出贡献。我当时是想要“在十年内造成好几个‘点’的突破，然后将这些点连成线网，在二十年内推广成‘面’，使中国在国际科技上可以取得与人口成正比的成就，而对世界文化和交流亦有一定的贡献。”周光召院长请我任主任，他为副主任。国家计委、人事部和国家自然科学基金委也都是国内支持中心的主要部门。1998 年又增加路甬祥院长为副主任。

中心由我直接管理。二十年来，我每年回国都用了大量时间和精力领导“中心”的各项工作，从办“中心”宗旨到各项学术活动的选题，从[illegible][illegible]资助到行政管理，从中心工作作风到会议安排，都一一亲自过问，具体指示。目的就是为了促进祖国科学技术的发展。其宗旨和任务是创造一个较宽松的、世界级的、面向科学新发展的研究环境，支持国内外学者进行以物理学为主的前沿科学及环境科学等，尤其是交叉学科方面的研究，促

1

其他版本示例

十五、时空范围

在编资源所涉及的空间或时间主题，即资源所适用的空间或资源所辖的范围。

（一）空间

指在编资源知识内容的空间特征，包括论文、演讲、图片和讲义等所涉及的空间信息，如演讲中主要提到的地点，图片所展现的地理范围等。

（二）时间

指在编资源知识内容的时间特征。

十六、权限

著录在编资源本身的所有者权利信息，以及被赋予的权限信息。

十七、版本

著录在编资源的版本信息。

十八、馆藏信息

注明在编资源实物在李政道图书馆中的馆藏位置。

十九、源载体

著录在编资源原件的载体形态。
示例：[源载体] 相纸

二十、收信者

可利用 http：//authorities. loc. gov/（美国国会图书馆人名规范档，

LCNA）查询英语人名的规范形式。

示例：图中收信者 Professor R. Oppenheimer，在 LCNA 中的规范形式（Authorized Heading）为 Oppenheimer, J. Robert, 1904-1967，因此收信者应录入为 Oppenheimer, J. Robert, 1904-1967

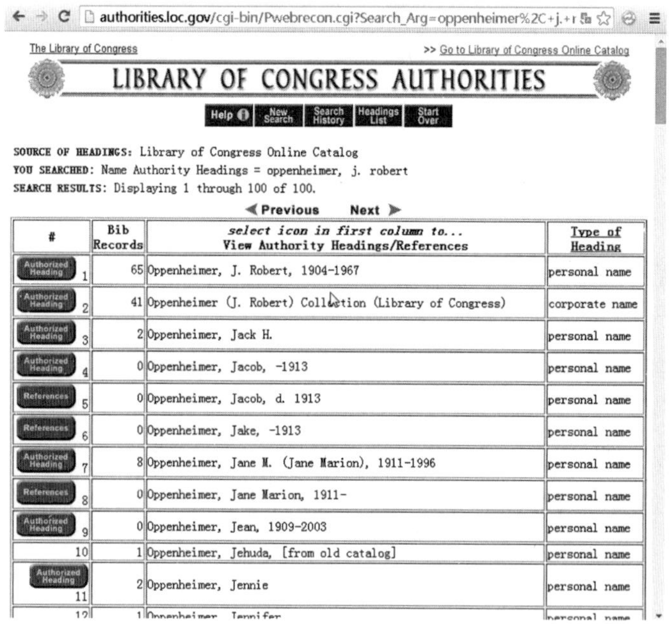

LCNA 中检索到的人名规范形式 Oppenheimer, J. Robert, 1904-1967

二十一、发送邮戳日期

著录信函所盖邮戳显示的发送日期，日期著录遵循 W3-CDTF 格式。

二十二、接受邮戳日期

著录信函所盖邮戳显示的接受日期，日期著录遵循 W3C-DTF

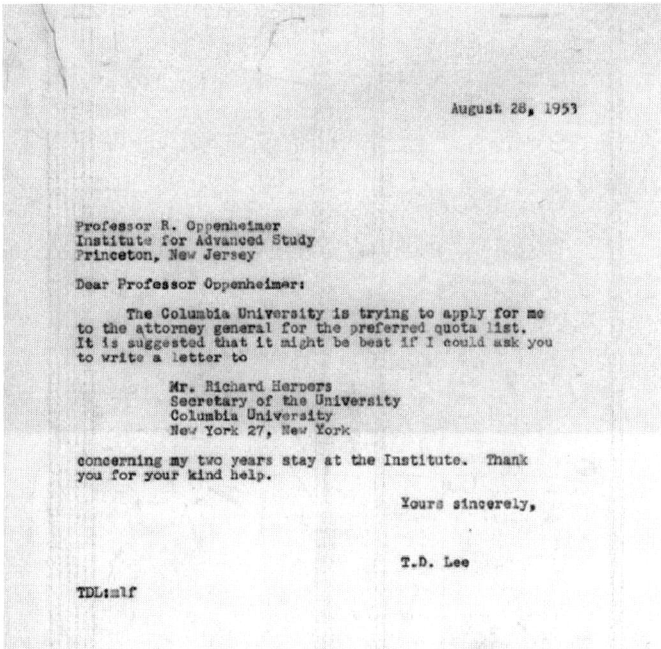

August 28, 1953

Professor R. Oppenheimer
Institute for Advanced Study
Princeton, New Jersey

Dear Professor Oppenheimer:

The Columbia University is trying to apply for me to the attorney general for the preferred quota list. It is suggested that it might be best if I could ask you to write a letter to

Mr. Richard Herpers
Secretary of the University
Columbia University
New York 27, New York

concerning my two years stay at the Institute. Thank you for your kind help.

Yours sincerely,

T.D. Lee

TDL:mlf

收信者 Oppenheimer, J. Robert, 1904—1967

格式。

二十三、信函完整性附注

著录信函是否完整，如包含信封、信纸、附件等全部物件。

二十四、信封收信者

著录信封上记录的收信者信息。

二十五、信封寄信者

著录信封上记录的寄信者信息。

二十六、寄信人地址栏

著录寄信人的地址。不能确认的信笺打印地址不作为寄信人地址著录。

二十七、寄信地邮编

著录信封上记录的寄信地邮政编码。

二十八、收信人地址栏

著录收信人的地址。

二十九、收信地邮编

著录信封上记录的收信地邮政编码。

三十、接受日期

通常出现在论文的脚注或尾注中。

三十一、修改日期

指论文的修改日期，通常出现在论文的脚注或尾注中。

第二节 著录样例

一、手稿

记录标识符：P117240035

资源类型：手稿

名称：[Manuscripts]

主题：quantum field theory/QFT

篇幅：16

载体：JPEG

页码：1—16

数字对象：117240035-0050

语种：eng

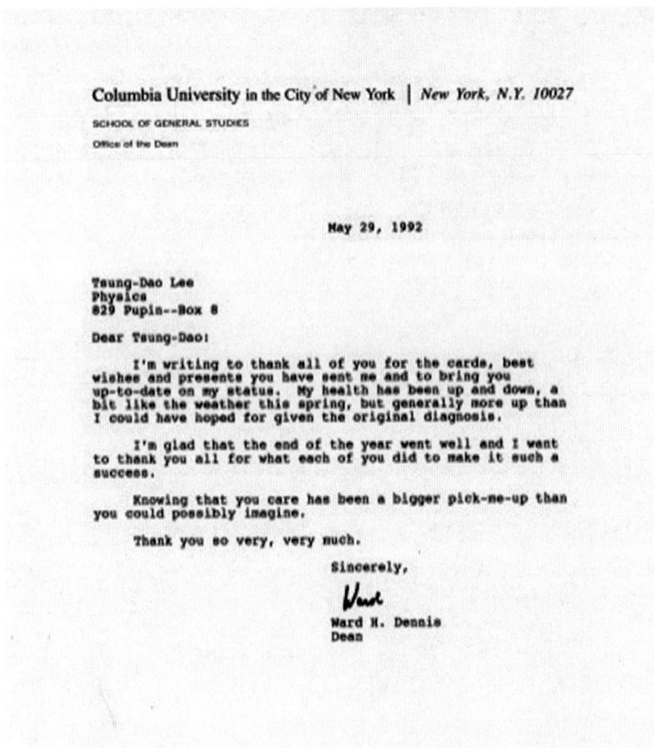

Columbia University in the City of New York | *New York, N.Y. 10027*

SCHOOL OF GENERAL STUDIES

Office of the Dean

May 29, 1992

Tsung-Dao Lee
Physics
829 Pupin--Box 8

Dear Tsung-Dao:

I'm writing to thank all of you for the cards, best wishes and presents you have sent me and to bring you up-to-date on my status. My health has been up and down, a bit like the weather this spring, but generally more up than I could have hoped for given the original diagnosis.

I'm glad that the end of the year went well and I want to thank you all for what each of you did to make it such a success.

Knowing that you care has been a bigger pick-me-up than you could possibly imagine.

Thank you so very, very much.

Sincerely,

Ward

Ward H. Dennis
Dean

二、信函

记录标识符：C006070012

资源类型：信函

名称：[Letter] 1992-05-29, Ward H. Dennis to Tsung-Dao

创建者：Dennis, Ward H.

机构：Columbia University, School of General Studies, Office of the Dean

创建日期：1992-05-29

篇幅：1

载体：JPEG

数字对象：006070012

语种：eng

收信者：Lee, T. D., 1926—

寄信人地址栏：New York, N. Y.

寄信地邮编：10027

收信人地址栏：Physics, 829 Pupin, Box 8

三、讲义

记录标识符：L017140001

资源类型：讲义

名称：The eloisatron project

创建者：Lee, T. D., 1926—

机构：Columbia University

主题：collider, Eloisatron project

THE ELOISATRON PROJECT

T. D. Lee

Columbia University, New York, N.Y. 10027

A talk given at the "Ettore Majorana" Centre for Scientific Culture, August 1989.

THE ELOISATRON PROJECT

T. D. Lee

The Eloisatron Project is the brainchild of Professor A. Zichichi, first presented at the Versailles meeting in June, 1982. It is an ultra-high energy 100 TeV × 100 TeV $p-p$ collider and, when completed, will have many far-reaching consequences. The acronym ELOISA stands for "Eurasiatic Long Intersecting Storage Accelerator". Figure 1 gives a sketch of its designed dimensions. As the word Eurasiatic indicates, it is an international collaborative effort. Many scientists from North-South and East-West are presently working in the project. Ten Eloisatron working groups (Table 1) have already been active on its R & D for many years; of these, the "superconducting magnets" group has produced the HERA superconducting magnets at DESY and the LAA group at CERN has developed many detector components that are crucial to high energy physics.

Why do we need high energy accelerators? The reason is to search for the basic building blocks of everything: stars, planets, molecules, atoms, nuclei and subnuclear particles. Since large objects are made of smaller units, this quest clearly leads to the exploration of smaller and smaller regions.

Why should these accelerators be so large if their purpose is only to explore the ultrasmall region occupied by the subnuclear particles? The reason is the uncertainty principle formulated by W. Heisenberg in 1925. It states that, for any experiment, there is an intrinsic inequality:

$$\Delta p \cdot \Delta x \geq \frac{\hbar}{2}$$

where $\hbar$ is Planck's constant divided by 2π, and Δx, Δp refer to the uncertainties in distance and momentum determination in the same experiment. Consequently, in order to study physics at a small distance, say Δx, the energy E required must be

ELOISATRON Working Groups

1 -	Superconducting Magnets	- B. Mazzo (Ansaldo), S. Ceresara (LMI), Zanon
2 -	Refrigeration Power Plants	- Zanon
3 -	Civil Engineering	- L. Valeriani, Grandi Lavori
4 -	Geophysical Studies	- E. Boschi, ING
5 -	Machine Workshops (Puglisi, Torelli, Villa)	- K. Johnsen
6 -	Experimental Areas	- H. Wenninger
7 -	R&D for Detectors (LAA) Workshops (G. Charpak)	- A. Zichichi
8 -	Supercomputers (QCD and Data Handling)	- T.D. Lee
9 -	Physics - Experimental Workshops (L. Cifarelli)	- S.C.C. Ting
10 -	Physics - Theory Workshops (A. Ali)	- A. Salam

TABLE 1.

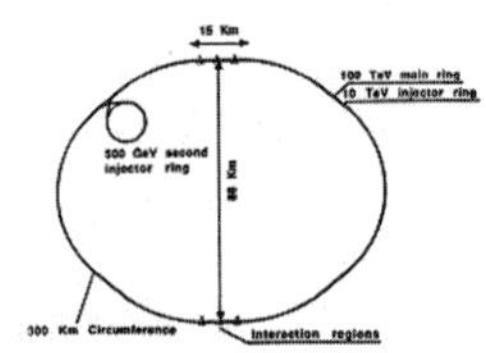

Possible ELOISATRON layout

FIGURE 1.

描述：A talk given at the Ettore Majorana Centre for Scientific Culture, August 1989

篇幅：7

载体：JPEG

数字对象：017140001-0007

语种：eng

第十章
传记资源元数据规范和应用指南

第一节 元素说明及著录规则

一、题名

定义：传记资料的正式题名。

著录规则：通常按照资料的主要信息源著录，如书名、文章名或图片音视频的题名等的原文。可设置交替题名等元素修饰词。如果主要信息源缺少名称，就采用资料清单上的资料名称信息作为自拟题名，置于方括号内。需注意拼写和格式规范，英文题名首字母和专有名词大写，其他单词首字母小写。说明主要题名的文字著录于该题名之后，用“#：#”（空格冒号空格）分隔。当题名由总题名与分部题名组成时，总题名与分部题名之间用“.#”（句点空格）分隔；如有分卷、分册等分部序号，则分部序号著录于分部题名前，总题名与分部序号之间用“.#”（句点空格）分隔，分部序号与分部题名之间用“，#”（逗号空格）分隔。

示例：

例 1：［题名］：Hu Shih and intellectual choice in modern China

例 2：［题名］：化学探秘：非金属大观目

例 3：［题名］：胡适文存第一卷

交替题名。

定义：可以替代传记资料的正式题名的其他名称，如：书名、文章名或图片音视频的题名等的中文译名。

示例：

例 1：［题名］：Hu Shih and intellectual choice in modern China

［交替题名］：胡适与近代中国知识分子的选择

二、创建者

定义：对传记资料内容的创作负有主要责任的实体，包括个人和机构、团体。

著录规则：照录。著录信息源的选取次序依次为版权页、书名页、封面、封底、书脊、内页。建议采纳已有的名称规范文档，如西文责任者遵循美国国会图书馆责任者名称规范著录，中文责任者名称根据CALIS责任者名称规范著录，或者按需自建名称规范文档，规范责任者的名称形式，同时将传主名称与其他别名相联系。有两个及以上责任者时用“；#”（分号空格）隔开。可设立责任方式等元素修饰词。

示例：

例 1：［创建者］：陈君葆；谢荣滚；陈云玉

例 2：［创建者］：Lynch，Michael J.，1938—

创建方式

定义：责任者创作传记资料内容或对该内容做出贡献的方式。如著、编、译、口述、记录、摄制、录音、题字等。

著录规则：外文文献的责任方式应改为名词形式。如 author，editor，interviewee，interviewer，photographer，transcriber，translator.

三、主题

定义：用来描述传记资源内容的关键词。

著录规则：可为自然语言。比如：日记、访谈录、自传、他传等。如果主题是描述资源的地理或时间范围的词语，宜用“coverage”元素。可引用各种已有的知识组织工具，如分类法、主题词表、叙词表等，利于保持主题描述的一致性。

四、描述

定义：凡不能在其他专门的元素或元素修饰词中反映的有关资源内容的说明。

著录规则：可设置摘要、背景等元素修饰词进一步细化描述的内容。

（一）目录

定义：传记资料组成单元的列表。如传记书籍每一章的目录、一组图片的列表等。同一责任者的内容用“；#”（分号空格）分隔；目次号与目次内容用“，#”（逗号空格）分隔；最后用“.”（句点）结束。目次号用两位阿拉伯数字表示。目次数量应与以数字化加工所得的正文部分 PDF 格式文件数量保持一致，目次文字应与原文目录中的文字保持一致。

示例：

[题名]：Hu Shih and intellectual choice in modern China

[目录]：01，The Education of a Modern Chinese；02，Cultural Confrontation；03，Political Views；04 Intellectual Views；05 Epilogue.

（二）摘要

定义：传记资料内容的概述。包括通过网络途径可以获取的摘要。

（三）背景

定义：传记资料内容的背景，如演讲、访谈等举行的时间、地点、前因后果等。

著录规则：有关传记资料内容所描述的时间、地点等信息，著录于“时空范围”元素的“时间”和“空间”。

五、出版者

定义：传记资料的出版者或发布者的名称，用其全称著录。

著录规则：可设置出版地等元素修饰词，利于根据传记资源的出版地区检索与聚类资源。

出版地

定义：出版者的所在城市或国家地区，如北京。

六、版本

定义：传记资料的版本信息。

七、其他责任者

定义：除创建者之外的、对传记资料的内容做出贡献的实体。包括个人和机构、团体。

著录规则：包括个人和机构、团体，如资源的编者、译者、插图者、评点者等。应采用实体名称的规范形式著录。建议建立名称规范或直接采用已有名称规范，以利于名称的形式规范与资源的聚类。可设置（其他责任者）责任方式等元素修饰词。

其他责任方式

定义：其他责任者创作传记资料内容或对该内容做出贡献的方式。

八、日期

定义：与传记资料生存期间的某一事件有关的日期。

著录规则：主要是与传记资源的制作、颁发、发现等有关的日期。日期著录遵循 W3C-DTF 格式，一般采用 YYYY-MM-DD 的表达方式，日期段用“/”分隔。可设置发布日期修饰词，用于描述传记书籍的出版日期与传记文的发表日期；设置创建日期修饰词，以记录实体传记资料的数字化版本的创建日期。

示例：

例 1：[日期]：1997

例 2：[日期]：1997-07

例 3：[日期]：1997-07-16

例 4：[日期]：1951-07/1951-08

（一）发布日期

定义：传记书籍的出版日期，传记文的发表日期。

著录规则：遵循 W3C-DTF 格式，一般采用 YYYY-MM-DD 的表达方式，日期段用“/”分隔。论文通常是指在期刊的封面、封底或版权页标明的出版时间。

（二）创建日期

定义：实体传记资料的数字化版本的创建日期。

著录规则：遵循 W3C-DTF 格式，一般采用 YYYY-MM-DD 的表达方式，日期段用“/”分隔。

九、资源类型

定义：传记资料内容的属性或类别，如传记书籍、传记文、图片、音频、视频。

著录规则：建议采用已有的资源类型规范档，或者自建资源类型规范档。

十、格式

定义：传记资料的物理或电子形态。

著录规则：记录传记资源对象的文件格式，如 avi，mkv，jpeg，pdf，html，txt 等。可设置篇幅记录传记资料在物理上的尺寸和大小；设置载体修饰词记录数字化传记资源的物理形态，如光盘、磁带等；设置技术细节修饰词，记录使用图片音视频资料的技术环境及其相关的技术指标。

（一）篇幅

定义：传记资料的物理尺寸和大小。

著录规则：数字化图像，可著录其存储容量。数字资源的文件大小，音视频资料的播放时间等。印刷型出版物，记录其本身的数量，如图书、小册子的总页码或卷（册）数，图像的张数或幅数。

（二）载体

定义：主要指电子图书、音视频资源的载体。如光盘、磁带等。

（三）技术细节

定义：使用图片音视频资料的技术环境及其相关的技术指标。如所需的软件、硬件或其他设备，以及与格式有关的其他物理特征，如音轨数、声道数（单声道、立体声、四声道）、播放速度、音频数据码率、音频采样频率等。

著录规则：主要著录数字化加工时产生的技术信息。

十一、标识符

定义：传记资料的资源编号。

著录规则：资源标志。对于网络资源具有网络标识（例如 URL、URI、DOI、PURL 等）的资源对象标识，对于图书指具有 ISBN 号，对于连续出版物指 ISSN。对于传记资源标识符的选择应具有唯一性。可设置 ISBN、出版号、DOI、URI 等元素修饰词，细化对标识符的描述。

（一）文献引用

定义：传记文的参考引用信息（是指该资源被引用时所使用的标识方式）。

著录规则：对期刊来说，通常包括期刊题名、ISSN、年、卷、期、页等信息。对会议论文而言，常包括会议母体文献题名、母体文献标识符、年、卷、期、页、会议名称、时间、地点、届次等信息。报纸中析出文献著录格式为责任者.#题名.#报纸名，#年-月-日#（版次）。

（二）ISBN

定义：传记书籍的国际标准号。

著录规则：涉及多个ISBN，用“，#”（逗号空格）分隔。如果著录信息源中已标注精平装ISBN信息，则照录。

（三）出版号

定义：传记书籍的出版号。

（四）DOI

定义：电子版传记资料的数字对象标识符。

（五）URI

定义：电子版传记资料的URL链接地址。

十二、语种

定义：资源正文内容的语种。

著录规则：建议遵循语种描述的国际标准。如ISO639-2标准，中文：chi，英文：eng，法文：fre，德文：ger，俄文：rus，日文：jpn。可根据资源类型的特殊性设置声道语种、字幕语种等修饰词，对语种的描述进行限定。

（一）声道语种

定义：音视频资源声道的语种。

著录规则：遵守ISO639-2标准，使用3位字符的语种代码。中文：chi，英文：eng，法文：fre，德文：ger，俄文：rus，日文：jpn。

（二）字幕语种

定义：音视频资源字幕的语种。

著录规则：遵守ISO639-2标准，使用3位字符的语种代码。中文：chi，英文：eng，法文：fre，德文：ger，俄文：rus，日文：jpn。

十三、时空范围

定义：传记资料内容涉及的时间、空间。

著录规则：可设置时间、空间等修饰词，对时空范围的描述进行细化。

（一）空间

定义：传记资料内容涉及的空间特征。

（二）时间

定义：传记资料内容涉及的时间特征。遵循W3C-DTF格式，一般采用 YYYY-MM-DD 的表达方式，日期段用“/”分隔。

示例：

[题名]：陈君葆日记全集．卷六．1967—1971

[时间]：1967/1971

（三）资料来源地

定义：传记资料涉及的国家地区（子课题）。

著录规则：以阿拉伯数字 1—9 指代各个子课题组。依次为：“1”指代美国子课题；“2”指代英国子课题；“3”指代法国子课题；“4”指代德国子课题；“5”指代俄罗斯子课题；“6”指代日本子课题；“7”指代新加坡子课题；“8”指代中国港澳地区子课题；“9”指代中国台湾地区子课题。

十四、权限

定义：传记资料所拥有的权利。

著录规则：包括知识产权及其他相关权利。如权限管理说明或提供相关信息的机构等。可设置使用权限、所有权、使用权等修饰词。

使用权限

定义：访问传记资料的条件或限制，对传记资料执行特定操作的权限或次数，或被授予权利的用户类型、有效 IP 地址等。

十五、来源

定义：与当前传记资源来源有关的资源。比如：收录传记文、图片音视频的数据库、网站名称。

著录规则：当前传记资源可能部分或全部源自来源所标识的资源。

可设置来源刊、来源数据库等修饰词，对来源信息进行限定。数据库、网站名称应以其首页所显示的名称为准。如果数据库、网站首页上同时显示两种或两种以上语言的名称，只著录该数据库、网站所在国家（地区）语言的名称。

（一）来源刊

定义：发表传记文的报刊刊名。

（二）卷次

定义：发表传记文的报刊的卷次号码。

（三）期次

定义：发表传记文的报刊的期次号码。

（四）起止页码

定义：传记书籍合传中关于传主内容的起止页，传记文在报刊中的起止页码。

著录规则：用连字符连接，如 23—30。

十六、关联

定义：与本传记资料存在某种关系的相关资源。可以根据需要设置包含、包含于、参照、被参照、原格式、其他格式、原版本、其他版本等修饰词，对传记资源的关联资源做进一步细化。

十七、丛书

定义：一般是传记书籍的丛书名。

著录规则：如有分辑号，用“，#”（逗号空格）连接，如新经典文库，445。

十八、传主

定义：传记资料涉及的传主常用名。

著录规则：建议为传主建立规范文档，统一传主的名称形式，并且将传主的其他名字与常用名相关联。涉及多个传主的传记资料，如果所涉传主数量少于或等于10人，应全部著录，并用“；#”（分号空格）隔开；多于10人的群传式传记资料，在本字段著录前10名传主姓名，并在“描述”字段中予以说明。

示例：

[题名]：Two self-portraits：Liang Ch´i-ch´ao and Hu Shih

[传主]：梁启超；胡适

第二节 著录样例

一、示例 1

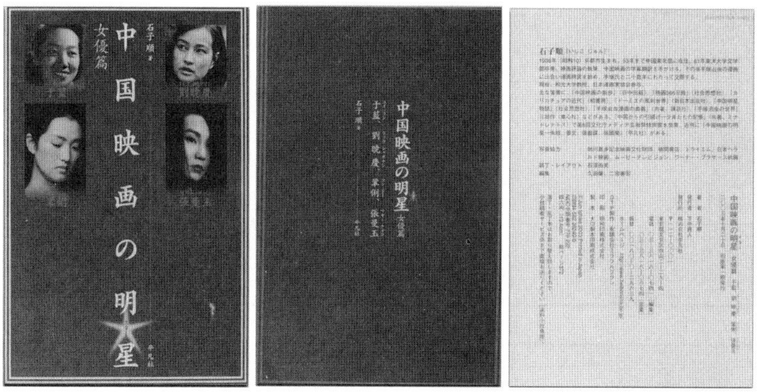

题名	中国映画の明星．女優篇：于藍、劉暁慶、鞏俐、張曼玉
创建者	石子順
创建者．创建方式	著
传主	于蓝；刘晓庆；巩俐；张曼玉
描述．目录	01，映画優讃歌；02，戦火から生まれた映画女優-于藍；03，女優で実業家の道を行く-劉暁慶；04，中国の" 山口百恵" -鞏俐；05，香港映画の国際的女優-張曼玉；06，あとがきにかえて；07，フィルモグラフィ；08，于藍、劉暁慶、鞏俐、張曼玉関連略年表；09，参考図書
出版者．出版地	東京
日期．发布日期	2003
资源类型	传记书籍
格式	pdf
格式．篇幅	370 页
标识符	yl01921a1j0001
标识符．ISBN	4-582-28249-0
语种	jpn
权限．使用权限	上海交通大学传记中心

二、示例 2

题名	新加坡华人：从开埠到建国
创建者	崔贵强
创建者．创建方式	著
主题	华人移民；华文教育；华人劳工；华人的国家认同；新加坡华人与中国；日治时期；海峡华人；新加坡经济的发展；华人人口
传主	新加坡
描述．目录	01，第一章：1819 年以前的华人 ；02，第二章：移民南来与人口增长（1819—1941 年）；03，第三章：社会发展（1819—1941 年）；04，第四章：经济活动（1819—1941 年）；05，第五章：战前的华文教育 ；06，第六章：华人与中国（一）；07，第七章：华人与中国（二）；08，第八章：日治时期的华人（1942—1945 年）；09，第九章：战后 40 多年来的人口增长 ；10，第十章：战后华人社会的变异 ；11，第十一章：战后 40 多年来的经济增长 ；12，第十二章：战后 40 多年来的华文教育 ；13，第十三章：战后的海峡华人 ；14，第十四章：国家认同与国家意识 ；15，第十五章：总结 ；16，参考书目
出版者	新加坡宗乡会馆联合总会；教育出版私营有限公司
出版者．出版地	新加坡

续表

题名	新加坡华人：从开埠到建国
日期．发布日期	1994
资源类型	传记书籍
格式	pdf
格式．篇幅	327 页
标识符	sgp0000a1c0016
标识符．ISBN	9971-0401-1
语种	chi
权限．使用权限	上海交通大学传记中心

三、示例3

陈嘉庚先生和林惠祥教授

创办华侨博物院

题名	陈嘉庚先生和林惠祥教授创办华侨博物院
创建者	陈国强
创建者．创建方式	著
传主	陈嘉庚；林惠祥
来源．来源刊	源
来源．期次	27
来源．起止页码	5-7
出版者	新加坡宗乡会馆联合总会
出版者．出版地	新加坡
日期．发布日期	1994—09
资源类型	传记文
格式	pdf
格式．篇幅	1 个文件
标识符	cjg1874a2c0001
标识符．文献引用	陈国强．陈嘉庚先生和林惠祥教授创办华侨博物院．源（27）：5-7. 1994 年 9 月
语种	chi
权限．使用权限	上海交通大学传记中心

四、示例 4

题名	［1947 年王力和陈寅恪在岭南大学陈家门前合影］
传主	王力；陈寅恪
主题	王力；四大教授；清华
描述．背景	一代国学大师王力曾师从于陈寅恪。陈寅恪是位学问渊博的大学问家，他对魏晋南北朝史、隋唐史、蒙古史都有精深的研究，他主讲佛教文学，那渊博的知识，掌握语言文字的过人本领，令王力十分敬佩。照片摄于 1947 年，……
出版者	中华读书报
出版者．出版地	北京
日期．发布日期	2008—02—27

续表

资源类型	传记图片
格式	jpg
格式．篇幅	1个文件；71KB
标识符	wl01900a3c0001
语种	chi
时空范围．空间	中国北京
时空范围．时间	1947
来源．来源刊	中华读书报
来源．期次	2008年2月27日
关联．包含于	http：//www.tsinghua.edu.cn/publish/thunews/9668/2011/20110225232022296924014/20110225232022296924014.html（王力师从“四大教授”的清华岁月）
权限．使用权限	上海交通大学传记中心

参考文献

蔡迎春. 2018. 特色资源建设中的数字人文应用进展研究——基于国内数字人文相关项目及实践案例 [J]. 图书馆建设, (07): 18-24+30.

辞海编撰委员会. 2009. 辞海 [M] (第六版彩图本). 上海: 上海辞书出版社, 3039.

董蓓. 2010. DC 元数据在专题特色数据库建设中的应用: 以南开大学图书馆“跨国公司研究专题数据库”为例 [J]. 图书馆工作与研究, (4): 42-44.

鄂丽君. 2016. 英国高校图书馆特色馆藏建设与服务调查分析 [J]. 大学图书馆学报, 34 (04): 43-50.

冯惠玲, 何嘉荪. 1988. 全宗理论的实质——全宗理论新探之二 [J]. 档案学通讯, (05): 10-13.

冯惠玲, 李宪. 1989. 论档案信息源 [J]. 档案学研究, (04): 13-16.

冯项云, 肖珑, 廖三三, 等. 2001. 国外常用元数据标准比较研究 [J]. 大学图书馆学报, (4): 15-21, 91.

甘利人, 薛春香, 刘磊, 等. 2010. 数字信息组织 [M]. 北京: 科学出版社, 71.

高红. 2006. 手稿资料的编目研究 [J]. 国家图书馆学刊, (3): 61-64.

郭依群. 2001. 网络环境下传记工具书的馆藏建设 [J]. 图书馆建设, (6): 32-35.

国际图联书目记录的功能需求研究组编写, 王绍平等译著.《书目记录的功能需求》最终报告 [EB/OL]. [2018-10-11]. http: //www. ifla. org/files/assets/cataloguing/frbr/frbr-zh. pdf.

国家数字图书馆工程标准规范. [EB/OL]. [2013-02-11]. http: //www. nlc. gov. cn/

newstgc/gjsztsggc/bzgf/.

国家数字图书馆工程标准规范［EB/OL］.［2014-10-30］. http://www. nlc. gov. cn/newstgc/gjsztsggc/bzgf/.

国家数字图书馆工程标准规范［EB/OL］.［2018-08-31］. http://www. nlc. gov. cn/newstgc/gjsztsggc/bzgf/.

国家图书馆《中国文献编目规则》修订组. 2005. 中国文献编目规则［M］. 北京：北京图书馆出版社，303.

侯爱花. 2014. 美国知名高校图书馆的特色馆藏建设与服务［J］. 图书与情报，(05)：75-79.

胡小菁. 2018. 规范控制：从名称选择到实体管理［J］. 数字图书馆论坛杂志.（1）：2-7.

黄忠鑫. 2013. 明清时期徽州“图”的区划与组织——几种民间图甲文书举要［J］. 历史地理，(02)：137-143.

金以明. 2008. 图书馆特色馆藏资源建设［J］. 大学图书馆学报，26（06）：93-97.

李建伟. 2016. 地方文化资源知识开放共享实现——以广东梅州客家山歌为例［J］. 图书馆理论与实践，(3)：44-48.

李建伟. 2018. 特色文化资源信息组织方法与数据共享模型研究——以“世界客都”古民居数字记忆工程为例［J］. 图书馆杂志，(5)：39-44.

李敏. 2016. 南海特色古籍数据库架构研究［J］. 图书馆学研究，(9)：34-40.

李书宁，吕岩彦，杨春燕，等. 2011. 985 高校图书馆数字特藏建设现状调查与分析［J］. 图书馆杂志，30（08）：58-63.

凌云，徐革，李一平，等. 2006. 特色数据库建设中的元数据标准选择：“峨眉山自然遗产特色数据库”的应用实例［J］. 情报杂志，25（1）：131-133.

刘伯山. 2011. 徽州文书（第四辑）［M］. 桂林：广西师范大学出版社，488.

刘伯山. 2005. 徽州文书的整理与遗存［M］//徽州文书：第一辑. 桂林：广西师范大学出版社.

刘建平. 2009. “纺织服装史图文专题数据库”建设的研究与实践［J］. 图书馆建设，

（1）：45-48.

刘炜，夏翠娟. 2014. 书目数据新格式 BIBFRAME 及其应用［J］. 大学图书馆学报，32（1）：5-13. 41（3）：22-33.

刘炜. 2004. 元数据与知识本体［J］. 图书馆杂志. 23（6）：50-54，49.

楼向英，赵亮. 2007. 手稿元数据规范现状与发展趋势研究［R］. 北京：我国数字图书馆标准规范建设.

陆莉. 2013. 美国高校图书馆特色馆藏资源推广现状及启示［J］. 图书馆学研究，（12）：99-101+89.

马春燕. 2007. 民族高校图书馆特色馆藏数字化建设的新思路［J］. 现代情报，（08）：160-162.

马珉. 2002. 元数据——组织网上信息资源的基本格式［J］. 情报科学，（4）：377-379.

欧石燕. 2012. 面向关联数据的语义数字图书馆资源描述与组织框架设计与实现［J］. 中国图书馆学报，（6）：58-71.

乔晓东，白海燕，梁冰. 2011. NSTL 的关联数据构建于应用场景设想［J］. 数字图书馆论坛，12（91）：54-60.

邱均平，楼雯，余凡，等. 2013. 基于资源本体的馆藏资源语义化研究［J］. 图书馆论坛，33（6）：1-7.

邱均平，沙勇忠，刘焕成. 2001. 论数字图书馆的知识管理［J］. 情报资料工作，（5）：5-8.

曲蕴，马春. 2017. 推进国家数字平台：美国公共图书馆和州立图书馆的数字化现状［J］. 公共图书馆，（01）：88-94.

沈芸芸，肖珑，冯英. 2010. 元数据应用规范研究［J］. 现代图书情报技术，12：1-8.

盛小平. 2004. 图书馆知识管理的基本问题［J］. 图书馆理论与实践，（3）：1-4.

宋雪雁，王萍，温阳红. 2005. EAD 与 ISAD（G）的映射关系及其在中文档案著录中的应用［J］. 情报科学，（8）. 1266-1270.

孙坦，宋文，贺燕. 2010. 国家图书馆数字资源唯一标识符规范和应用指南［M］. 北京：国家图书馆出版社.

王纯. 2002. “特色馆藏” 管见 [J]. 图书馆学研究，(06)：43-45.

王军，卜书庆. 2012. 网络环境下的知识组织规范和应用指南 [M]. 北京：国家图书馆出版社.

王军，程煜华. 2009. 基于传统知识组织资源的本体自动构建 [J]. 情报学报，28 (5)：651-657.

王薇. 2013. 基于关联数据的图书馆数字资源语义融合研究 [D]. 南京：南京大学.

韦庆媛. 2007. 美国著名大学图书馆 “高校特藏” 资源建设研究 [J]. 大学图书馆学报，(02)：88-92.

我国数字图书馆标准规范建设：手稿元数据规范现状与发展趋势研究 [EB/OL]. [2013-04-11] http：//cdls. nstl. gov. cn/mt/blogs/2nd/archives/docs/CDLS-S11-03. pdf.

我国数字图书馆标准规范专门数字对象描述元数据规范 [EB/OL]. [2018-10-10]. http：//cdls. nstl. gov. cn/2003/SpcMetadata/.

夏翠娟，林海青，刘炜. 2017. 面向循证实践的中文古籍数据模型研究与设计 [J]. 中国图书馆学报，43 (232)：16-34.

夏翠娟，刘炜，张磊，等. 2014. 基于书目框架 (BIBFRAME) 的家谱本体设计 [J]. 图书馆论坛，(11)：5-19.

夏翠娟，刘炜，张磊. 2016. 以技证道——面向数字人文的家谱知识库建设 [M] //刘小琴，吴建中. 数字图书馆发展趋势研究报告. 上海：上海科学技术文献出版社，164-169.

徐国利. 2005. 当代中国的徽州文书研究 [J]. 史学月刊，(02)：96-104.

徐国利. 2005. 徽州文书的理论研究与整理方法 [J]. 中国社会科学院研究生院学报，(04)：104-111+143.

许鑫，张悦悦. 2014. 非遗数字资源的元数据规范与应用研究 [J]. 图书情报工作，(21)：13-20，34.

杨志刚. 2001. 中国礼仪制度研究 [M]. 上海：华东师范大学出版社，206-238.

于翠艳，傅德华，李春博. 2012. 关于20世纪中国人物传记资料全文数据库的进展与困惑［J］. 中国索引，(1).

张慧丽. 2014. 高校图书馆特藏资源推广研究［J］. 大学图书馆学报，32(04)：83-87.

张辑哲. 1996. 当代中国的档案学基础理论研究［J］. 档案学通讯，(04)：23-27+5.

张洁，李芳，汤萌. 2017. 契约文书描述性元数据规范设计与应用［J］. 图书情报工作，(4)：106-111.

张久珍. 2008. 国外参考资源检索与利用［M］. 北京：北京大学出版社.

张晓峰. 2008. 徽州文书分类整理要点和疑难解析［J］. 大学图书情报学刊，(2)：58-61，67.

张晓林，肖珑，孙一刚，等. 2003. 我国数字图书馆标准与规范的建设框架［J］. 图书情报工作，(04)：7-11+64.

张新民. 2012. 走进清水江文书与清水江文明的世界——再论建构清水江学的题域旨趣与研究发展方向［J］. 贵州大学学报（社会科学版），30（01）：40-47.

张秀文. 2004. 试论高校图书馆特色资源建设［J］. 图书馆学刊，(04)：39-40.

赵庆峰，鞠英杰. 2003. 国内元数据研究综述［J］. 现代情报，(11)：42-45.

赵思渊，汤萌. 2014. 上海交通大学新藏地方历史文献的分类法及其依据［J］. 上海交通大学学报（哲学社会科学版），(3)：76-86.

郑巧英等. 2013. 国家图书馆图像资源元数据规范和著录规则［M］. 北京：国家图书馆出版社.

郑雯译，毕艳芳. 2012. 论高校图书馆对网络原生数字资源的整合［J］. 图书馆论坛，32（01）：94-98.

郑咏青，王爽. 2015. 东南海疆研究数据库的构建与发展策略［J］. 图书馆杂志，第34卷（3）：39-46.

郑振满，郑莉，梁勇. 2012. 新史料与新史学——郑振满教授访谈［J］. 学术月刊，44（04）：155-160.

中岛乐章. 2012. 明代乡村纠纷与秩序［M］. 南京：江苏人民出版社，44.

中国高等科学技术中心. 2008. 李政道文选［M］. 上海：上海科学技术出版社，II.

中国国家图书馆. 国家数字图书馆工程数字图书馆标准规范［EB/OL］.［2016-05-14］. http：//www. nlc. gov. cn/newstgc/gjsztsggc/bzgf/.

中国数字图书馆标准与规范建设.［EB/OL］.［2013-02-11］. http：//cdls. nstl. gov. cn/.

中华人民共和国文化部. 2012. 中华人民共和国文化行业标准——视频资源元数据规范（征求意见稿）.

中华人民共和国文化部. 2012. 中华人民共和国文化行业标准——音频资源元数据规范（征求意见稿）.

钟伶. 2013. 香港高校图书馆特色资源现状调查与启示［J］. 图书馆学研究，（08）：36-39+44.

朱上瑞. 2003. 传记分类理论的新思考——从文体学角度谈传记的分类［J］. 丽水师范专科学校学报，25（1）：119-120.

专题特色库信息资源名称规范表［EB/OL］.［2018-08-31］. http：//www. lib. whu. edu. cn/calis4/files/20111109_ 2. doc.

About Einstein Archives Online［EB/OL］.［2015-05-29］http：//www. alberteinstein. info/about. html.

About the Newton Project.［EB/OL］.［2015-05-29］http：//www. newtonproject. sussex. ac. uk/prism. php? id=26.

American Library Association. Anglo - American Cataloguing Rules，2nd Revised Edition［M］. American Library Association，2005，Part1，4. 0A Scope.

American Museum of Natural History. Darwin Manuscripts Project［EB/OL］.［2015-05-29］http：//www. amnh. org/our-research/darwin-manuscripts-project.

CADAL 管理中心. 大学数字图书馆国际合作计划［EB/OL］.［2016-05-14］. http：//www. cadal. zju. edu. cn/index.

Cornell University Library，Rare and manuscript collections［EB/OL］.［2016-05-14］. Digital Collections https：//rare. library. cornell. edu/collections/digital.

Dublin Core Metadata Initiative. DCMI Metadata Term［EB/OL］.［2018-11-14］. http：//

dublincore. org/documents/dcmi-terms/.

Ed Summers, Antoine Isaac, Clay Redding, 等. LCSH, SKOS 和关联数据 [J]. 现代图书情报技术, 2009, 03: 8-14.

Endymion P. Wilkinson, Chinese History: A Manual, Revised and Enlarged, Harvard University Asia Center, 2000.

Hodges, A. E., McClurkin B. S.. Archives and Manuscripts Processing Manual, Sixth Edition [EB/OL]. [2015 - 04 - 09] http://www. uta. edu/library/spco/files/processing-manual. pdf.

IFLA. 书目记录的功能需求 [EB/OL]. [2015-06-11] www. ifla. org/files/assets/cataloguing/frbr/frbr-zh. pdf.

MALVINE, Manuscripts and Letters via Integrated Networks in Europe [OL]. [2013-04-11] http://www. malvine. org.

OGC, W3C. TimeOntologyinOWL [EB/OL]. [2016-01-29]. http://www. w3. org/TR/owl-time/.

S. L. Hensen, Archives, Personal Papers, and Manuscripts: A Cataloging Manual for Archival Repositories, Historical Societies, and Manuscript Libraries [M]. Washington, D. C.: Library of Congress, 1983.

Society of American Archivists. Glossary of Archival and Records Terminology [EB/OL]. [2015-06-12] http://www2. archivists. org/glossary.

The Eclipse Foundation. Archived Eclipse Projects [EB/OL]. [2016-06-06]. http://www. eclipse. org/higgins/ontologies/2008/6/higgins-doc/geo_ SpatialThing. html.

Tim Berners - Lee. Linked Data [EB/OL]. http://www. w3. org/DesignIssues/LinkedData. html.

Unique and Distinctive Collections: Opportunities for Research Libraries [EB/OL]. [2016-05 - 14]. https://www. rluk. ac. uk/wp - content/uploads/2014/12/RLUK - UDC - Report. pdf.

VRA Core Schemas and Documentation. [EB/OL]. [2013-03-24]. http://www. loc.

gov/standards/vracore/schemas. html.

W3C SKOSSimpleKnowledgeOrganizationSystemReference [EB/OL]. [2016-05-14]. http://www. w3. org/TR/skos-reference.